JN076448

あらためて、

ライティングの高大接続

多様化する新入生、応じる大学教師

春日美穂・近藤裕子・坂尻彰宏・島田康行

根来麻子・堀一成・由井恭子・渡辺哲司　著

ひつじ書房

まえがき

　本書には、ほぼ同じ書名（メインタイトル）をもつ 2017 年刊行の前作がある。その内容は、ライティングに関する大学新入生たちの過去の学習経験を調べたり、高校教育から大学入試を経て大学の初年次教育にまで至る一連の"改革"動向を解説したりするものだった。そうして、高校と大学との間で必ずしもうまくつながっていない現在日本のライティング教育のありようを、高・大双方の教師たちに向けて、考えるべき問題として示した。いわゆるハウツー本のように即"役立つ"感じは無かったかもしれないが、単なるハウツーを超えて〈ライティングの高大接続〉を熟慮したい向きには受容されたようだ。

　ただし、そのような前作にも不足な点はあった。それは、個々の教育現場＝教室への適用可能性（あてはまり）が曖昧であったことだ。その主因は、おそらく 2 つある。1 つは、教育政策や高校教科書の中身など、きわめて一般性の高い、大所高所からの話題が多かったこと。もう 1 つは、大学生を対象とする調査のフィールドが、世間的にいう「いい大学」に偏っていた（ため、日本の大学生一般を論じるには不適であった）こと。がんらい大学の教室は、もっぱらそこに集う学生たちの個性を反映して、多様なものだ。しかも、その種の多様性が今後さらに増大していく可能性さえある。そうした中で、究極的には現場に"役立つ"ことを目指す以上、教室への適用可能性をなおざりにしたままではいけない。

　そこで本書では、そうした前作の不足点の補足を刊行目的の一つと定めた。具体的な手段として、まずは、一般性の高い「大所高所からの話題」を後景へと移し、代わりに教育現場＝教室の近くに発する情報を多く、前面に配した。さらに、調査と実践のフィールドを、対象者が「いい大学」の学生に偏らぬよう、いわゆる中堅大学（現在日本の典型的な大学生がより多く集

うであろう大学)へと広げた。

　そのような刊行目的を果たそうとする過程で、書き手の顔ぶれも変わった。本書の著者陣には、前作の2人に加えて6人の大学教師が名を連ねる。彼／彼女らは、各々が携わる教育現場で、これまでも独自の探究・実践を重ねてきた人たちだ。そうしてできた8人のチームに、いわゆるボスはいない。ビジョンとミッションを共有しながら、各々が自律的に、互いに対等の立場で、協力して本書の執筆・編集に当たった。

　本書で主張したいのは、切り詰めて言えば「学習者のことを知って、教える」ことだ。今日、高校生から大学生へと移行しつつある人たちには、大学生らしい文章を書くためのレディネス(準備)がどれほど整っているだろうか——と教師は考え、探り、理解する。そのうえで、既に足りている有為なものは活用し、足りないものを補う。そうした営為は、スポーツであれ音楽であれ、あらゆる技術指導の根本原則である。ライティングも技術である以上、その指導は同じようであるべきだ。

　わけても〈知る〉ことの方を、本書では強調したい。なぜなら、目下のところライティングに関して〈教える〉ための情報——例えば「レポート・論文の書き方」指導書の類——は世に溢れるほど流通している一方、〈知る〉ための情報は乏しいようであるからだ。教師が知るべきことは、学生たちが何かをできる／できないといった技術的な事項はもちろん、彼／彼女らの心構えや考え方、過去の学習経験といった心理的・行動的な事項をも含んで、多岐にわたる。それらは総じて形の無い、捉えがたいものだが、それらを知ればこそ無理・無駄のない指導を行えるというものだ。

　本書では、「学習者のことを知って、教える」という、あらゆる技術指導の根本原則に立ち返り、もっぱら学ぶ側の事情に即して、高校と大学とのはざまにおけるライティング教育のありようを熟慮してみたい。高・大のはざまにおける学習・指導の接続は、後(序章2、3)で述べるように決して容易ではないが、高卒者の過半数が大学生となる今日、ゆるがせにできないテーマである。

　以上に述べたことから自然と、本書の想定読者は、主には大学教師、次いで大学へと生徒を送り出す側の高校教師、さらには（高・大の間に立つ）いわゆる受験産業の人々あたりに絞り込まれるだろう。ますます多様化する学生たちが集う大学初年次の教室を、最適な学びの場にプロデュースできる可能性のある人は、その教壇に立つ教師ひとりである。そんな教師の傍らにあって、その背中をそっと押すような役割を、本書が果たせるならば幸いだ。〈ライティングの高大接続〉という、構造的な大きな問題も、皆で取り組めばきっと解決に近づく。読者による吟味と批正、そして行動を期待している。

　ところで、本書の公刊にあたっては2点、冒頭であらかじめ断りを述べ、読者の理解を得ておきたいことがある。

　1点目は、本書の内容がすべて、われわれ著者陣の著作として何らかの意味で"新しい"ものであること。われわれがこれまでに各所で、単独あるいは他者との連名で公表してきた情報を、本書はふんだんに含んでいる。それらの情報すべてに、本書では改めて検討、解釈、修正——ときにほとんど論旨を一新するほどの改訂——を加えた。しかし、中には数値データや基本的主張などの変えられない／変わりにくい情報もある。そこで、巻末近くの「初出一覧」に、そうした情報を初めて公表した文献のありか（書誌情報）を示した。いわゆるプライオリティ（優先権）はそちらに、との意味である。

　2点目は、本書で示される見解がすべて、基本的には書き手の個人的なものであること。本書の中で表明される見解は、各々の書き手が現時点で所属している、あるいは過去に所属していた組織・機関や会議などの方針や見解等と、必ずしも関係しない。したがって、本書の記述によって仮に何らかの問題等が生じた場合、その責任は、基本的に書き手（筆者）に帰せられるべきだ。そのような認識と覚悟をもったうえで、われわれは、その思うところを注意深く、かつ率直に述べていく。

目　次

序章　頭のチューニング

渡辺哲司

本章では、まず書名に含まれる語・句を定義あるいは解説し、次いで著作のねらいやコンセプト、本書全体のつくり(各章の内容や位置づけ等)を説明する。そうして、読者が本書をスムーズに読み進めていけるよう、読み手(と書き手、双方)の頭を"チューニング"しておきたい。

1　ライティング

　本書において〈ライティング〉は、他者に向けて事実を伝達し、意見を論述するような文章を書くことを意味する。その典型例は、大学の授業レポートや卒業論文、大学入試の小論文、高校の意見文や説明文などである。ただし、その根本的な性質(他者に向けた事実の伝達、意見の論述)に鑑みると、小学校3・4年次の国語で学び始める「説明的な文章」一般から、職業人・社会人として作成する仕事の文書(解説、契約、告知、勧誘などの文章)までが一連となって含まれる。その一方、小説や日本的な意味のエッセー(随筆、随想)等のいわゆる文学的・文芸的文章、さらに、もっぱら書き手の心情を素直につづることが期待されるような文章(学校行事のたびに書く感想文など)を書くことは、本書におけるライティングの範疇ではない。

　ここでいう「他者」は、その文章を読む必要のある、自分以外の人を指す。その典型例として、生徒・学生にとっては、まず授業レポートを課す側の教師や小論文試験の出題・採点者などがあり、その他に、いわゆる調べ学習(学校外で行う調査)の対象・協力者、あるいは奨学金の審査者や学園祭の来場

者なども挙げられよう。職業人・社会人となれば、それらに代わって職場の上司や同僚、取引先、交渉相手や顧客、さらに地域で共に暮らす人々などが主に該当するだろう。つまり、ここでいう他者とは、何らかの意味で一時的にでも書き手と興味や関心、利害、課題などを共有するけれど、状況、感情、背景知識などを共有するとは限らない大人たちのことだ。一方で他者に含まれないのは、書き手と状況、感情、背景知識などを共有する家族や親友（ときに「あれ」「これ」で話が通じてしまうほど近しい人々）や、生徒の心情を推し量ることに熱心な、親切すぎる教師などである。

　さて、上述のような意味のライティングが〈高大接続〉と結びついて、一書のメインテーマとなるほどに大事である理由はいったい何か――と問えば、その答えは大きく2つある。

　1つ目は、きわめて率直かつ現実的な理由として、大学では高校までに比べてずっと多くの科目の成績がレポート（ライティング課題）によって付けられること。それは、誰の目にも見えやすい理由である。最近は高校でもレポートを書いたりその書き方を学んだりする機会が増えつつあるようだが、それでも、総じて言えば大学よりはずっと少ない。

　2つ目の理由は、表面的にはやや見えにくいが、大学はもちろん、小・中・高を含むどの学校種／段階においても、ライティングがあらゆる学習活動の基盤をなすものであること。書くことは、いわゆる言語の四技能のうちでも〈話す〉と並んで、思考（考えること）と強く関係する。特に〈書く〉の方は、考えることを抜きにしては遂行不可能といってよいほどに、あるいは、考えることを自然に誘発・促進するという点で、思考とはほとんど一体不可分である。書くことによって思考、特に発見的な（heuristic：平たく言えば「ああそうか」と気付いたり、わかったりするタイプの）思考が促されることは、約2500年前の古代ギリシャ人たちも知っていて、それゆえに書くことを推奨していたという（Enos 2001）。今日のような紙もペンもまだ無く、書くことが今日よりずっと困難であったにもかかわらず――。

　ちなみに、本書でいうところのライティングは、現在（2020年ごろ）の日本教育界で流行りの〈読解力〉とも強く関係する。現在流行りの読解力と

は、主に、数学者・AI（人工知能）研究者の新井紀子による次の2書によって世間に広まったものを指す。

　　①『AI vs. 教科書が読めない子どもたち』2018年2月
　　②『AIに負けない子どもを育てる』2019年9月

（いずれも東洋経済新報社刊[1]）

　ここでの読解力とは、要するに、もっぱら事実について淡々と書かれた文章を書かれたとおりに読んで理解する力をいうのであって、いわゆる行間（書かれていない意図、心情、背景など）まで読み取る力をいうのではない。

　そして注目すべきは、書籍②で示される授業案（読解力を培うためのトレーニング）の最初のレッスンが「正しく伝えよう／無駄なく正確に文章で伝える」である（新井 2019: 203–223）ことだ。つまり、読解力を培うためのトレーニングのおおもとに、本書でいうライティングの根本的な性質がさらりと、あたりまえに位置付けられている。それだけライティングとの関わりも強いのである。

2　高大接続

　本書における〈高大接続〉は、高校までの教育と大学のそれとを、もっぱら内容面でつなぐことを意味する。とはいえ、そのことを目指して行われる具体的な営為（例えば、大学教師による高校への"出前授業"、高校生による大学への"体験入学"など）の一つ一つを指すものではなく、そうした営為の総体を包括的に指すもの（つまり、抽象的な概念）とする。その主眼はもっぱら教育の内容面に置かれ、大学入試／入学者選抜制度などの外形面には置かれない。またその焦点は、高校生から大学生へと移行しつつある人たちの内で、高校までの学習と大学におけるそれとが無理・無駄なくつながっているか否かに絞られる。

　そのような意味での高大接続が一書のメインテーマになるほどの大事であ

る理由も、やはり 2 つ挙げられる。

　1 つ目は、現在日本において、高校と大学の教育どうしをいかにつなぐかが、それなりに"皆"の課題であること。実際、日本の高校を卒業した人たちの大学進学率はとうに 50％を超えている。そうした状況下で、もし高校教育と大学教育とのつなぎ目に不都合が生じているなら、その解決には皆で当たらなくてはいけない。

　2 つ目は、同じく現在日本において、高校までの教育と大学におけるそれとの間に構造的な断絶があって、両者をつなぐ仕組みがほとんど無いこと。比較のために小・中・高の間に目を向けると、そこには少なくとも 2 つの強力な「つなぐ」仕組みが備わっている。すなわち、教員養成制度と学習指導要領の 2 つである。どちらも、その運営や作成は共通の体制下で行われており、学校種／段階による違いはほとんど無い。そのため、これまでも一人の教師が複数(小と中、中と高など)の教員免許を取得する例は多かったし、学習指導要領も小学校編から高等学校編までを同じ感覚で読み通すことができる。その上、近年の学習指導要領は、小・中・高を通じた一貫性を強く意識しながら作成されるようになっている。

　隣接する 2 つの学校種／段階(高校と大学)の間で教育が構造的に切れていて、その間をつなぐ仕組みが無いとすれば、そのために起こる不都合への対処は"運用"しかない。運用とは、すなわち、もっぱら現場にいる人たちが各々の才覚で行う工夫や努力のことであり、その運用を担える人は実質的に高・大の教師しかない──というのが前作から続く本書のコンセプトである。

3　多様化する新入生

　日本国内の高校で学んだ日本人に限ってみても、ライティングに関する学習経験は著しく多様である。かたや大学生も顔負けのレポート・論文執筆を経験した人がいれば、こなた高校時代を通じてただの一度もライティングなど学んだことが無いという人もいる。そうした状況は、近年ますます明らか

になりつつあるようだ。

　そんな中で目を引くのが、一部の、特別なカリキュラムを提供する高校において、格別に豊かなライティング経験を積んだうえで大学へとやってくる人たちである。「特別なカリキュラムを提供する高校」とは、例えば、スーパーサイエンスハイスクール(SSH)、スーパーグローバルハイスクール(SGH)、国際バカロレア(IB)認定校、一部の中高一貫校など。それらの学校がほぼ例外なくカリキュラムの柱としているのが、集中的な探究活動と、その仕上げとしてのレポート・論文の執筆である。いわば、高校生のうちから大学教育を先取りしているようなものだ。それらの高校は、全国の高校の中で多数を占めるわけではないが、各地域の有力校であることも多いため、全体へのインパクトは小さくない。

　そうした、ライティング経験が豊かな人たちを一方の極とすれば、その対極には"貧しい"人たち、すなわち高校でライティングなどほとんど、あるいはまったく学ばなかったという人たちがいる。近年の調査によると、いわゆる進学校の出身者が多く集まる複数の大学(世間的な「いい大学」)において、中学・高校時代に「意見文や説明文を書く方法を学習すること」がまったく無かったという人の割合は35%に上った(第6章を参照)。誰もがライティング教育の中心的な場と見なす国語の授業に絞ってみても、状況はかなり"お寒い"(第5章を参照)。進学校の出身者、すなわち概してよく勉強する人たちでさえそうならば、高校生全体ではどれほどか……と案じる向きも多いだろう。

　小学校から高校までを含む初等中等教育界には、総じてライティング(を含む言語技術)の教育を充実させようとする動きが明白にあるものの、その動きは必ずしも迅速・強力ではなく、したがって上述のような両極(ライティング学習・経験の貧富、ひいてはスキルの高低)の差もすぐには縮小する見込みがない。そのような状況下で学び育った若者たちが、これまた多様化の著しい入試を通過して、大学初年次の同じ教室に集うのである。彼ら一人一人に合ったライティング教育を行うことは、なかなか容易ではない。

4 応じる大学教師

　ライティングの教育では、概して教師の役割が大きい。学習者が一定のスキルを習得し、自学自習できるレベルに達するまでは、教師（に限らず、その役割を担う人）の存在は必要不可欠と言ってもよいだろう。

　その根本的な理由は、本書でいうところのライティングが、子どもの日常生活ではほとんど身に付かないスキル（技術）であることだ。「子どもの日常生活」とは、もっぱら状況、感情、背景知識などを共有する少数の人ばかりに取り巻かれた生活である。そこでは、他者に向かって言葉を尽くして事実を伝達したり、意見を論述したりする必要がない。一方、本書でいうライティングは、世間に暮らす多数の、しかも状況、感情、背景知識などを共有しない他者に向かって、個々の場面に相応しい――おおかた"よそ行き"の――言葉で事実を伝えたり意見を述べたりし、できれば理解・納得してもらおうとする行為である。そのスキルを習得するために子どもは、日常生活を超えた場面に身を置き、手本にならい、誤りを１つずつ修正しながら、繰り返し書いていくのである。それ以外の方法はおそらく無い。

　そのようなスキルを子どもたちが効率よく身に付けられるよう、意図的に作られた訓練の場こそが学校であり、その場を切り盛り（運営）する人こそが教師である。他のスキルについてはともかく、少なくともライティングについては、学校という場で、教師の助けを借りながら学ぶのでなければ習得できない――と言っても過言ではないだろう。

　以上に述べたことが前提となっているところへ、直前の節3で述べたような意味での多様性が加わる。今日の大学教師の眼前には、ライティングに関して学習経験も技能レベルもまちまちな新入生たちが集い、そうした彼らのすべてに最適な教育が施されることを、世間は期待する。事態はなかなか容易ではない。

　それゆえ、現在日本の大学でライティングを教える教師には〈応じる〉力がなくてはいけない。応じるとは、要するに、指導者が学習者のことをよく知って、それに合わせて教えることだ。その際に必要なのは、普遍性があっ

て妥当なライティングの指導理論・技術だけでなく、眼前に集う学生たちをよく見て、知って、その時その場に必要なことを選んで教えたり、ときに自学自習を促したりできる、柔軟性あるいは調整力であろう。

5　示すのはお手本でなく──

　本書の主な内容は、まえがきで述べたように、大学初年次の教室における教師たちの探究・実践例であるが、それらの例は"お手本"として読者に示されるものでは決してない。教室も、そこに集う学生たちも多様である以上、それらに応じた実践も多様であるのが道理というものだ。A大学のA教室において効果を挙げた指導が、隣のB教室やよそのC大学においても効果を挙げるとは限らない。もとより汎用的（どんな場面でも有効）なお手本などはあり得ない、とも言える。

　それよりも本書で読者に示したい／読み取ってほしいのは〈応じる〉プロセス、あるいはそのプロセスを導くものの見方や考え方である。本書の著者陣は、いま日本中の大学で新入生にライティングを教えている教師たちの多くと同様、必ずしもライティング教育の専門家ではない。そんな人たちが各々どのような問題に直面し、それをどのように把握・解釈し、解決しようとした（している）かを、あくまでも読者の参考のために報告するのである。

　われわれ著者陣が考える本書の使命は、読者を教えることではなく、インスパイア（触発あるいは感化）することだ。そうして、できれば仲間──われわれと同様のビジョンをもち、同等かそれ以上の熱意をもって現場で奮闘する教師たち──の人数を増やしたい。一人の力ではどうにもならぬほどの大問題も、皆で取り組めばきっと解決できるだろう。遠くへ行きたいなら、一人でではなく仲間とともに行くべきだ。ぜひ多くの人に、本書をよりよき実践のための"踏み台"として使ってほしい。

6　本書のつくり

　次章から始まる本書の主要部は、大きく2つに分かれる。すなわち、教育現場＝教室に発する情報を主体とする第Ⅰ部と、いわゆる大所高所から見た一般的な話題が多い第Ⅱ部との2つである。

　［第Ⅰ部］第Ⅰ部には、教育の"前線"における大学教師たちの探究・実践の事例を4つ、各々を1つの章として配置した。うち第1章と第3章は各々2つの特に大きな節——それぞれ〈知る〉と〈教える〉を主テーマとする2点の論考——に分かれており、それらの大節は、単独で1つの章に相当するほどのボリュームをもっている。それでもあえて、同一のフィールドにおける〈知る〉と〈教える〉との密接・論理的なつながりを演出するために〈2つで1つ〉にしてある。

　それら4つの章(探究・実践例)は、いずれも、互いに他の3つとは異なる個性を帯びている。その個性は、各フィールドの特徴に由来するものであったり、探究・実践する者(筆者である大学教師)の専門性や興味・関心によるものであったりする。そうした事例を集めて一編の書とすることによって、できるだけ広く〈ライティングの高大接続〉に関わる現場をカバーしよう——との意図がそこにはある。単なる事例の羅列ではないつもりだ。

　第1章(節1.1、1.2)のフィールドは、東京都にある私立の大正大学。いわゆる文系の学部を6つ擁し、大学で学ぶことについても将来の仕事についても"これから"考えるところの大きい学生たちが集まる。そんな彼／彼女らに入学以前の文章作成経験を尋ね、得られた回答に基づいて学習・指導プログラムを考案・実行するという、組織的な取り組みが継続的に行われている。

　第2章のフィールドは、岡山県にある私立の川崎医療福祉大学。医療・福祉系の3学部(現在は5学部)から成り、将来の職業生活やそれにつながる資格の取得、必要な学習活動などについて、一定のイメージをもった学生たちが集う。そんな彼／彼女らの文章表現に関する意識などを低年次のうちに調べ、得られた情報に基づいて学習・指導プログラムを考案・実行するとい

う、組織的な取り組みが行われている。

　第3章(節3.1、3.2)のフィールドは、大阪府にある国立の大阪大学。いわゆる文系・理系の両方にわたる11の学部に、いわゆる進学校出身の、総じて高い"受験学力"をもった学生たちが多く集う。そんな彼/彼女らの入学前の学習経験を調べながら、一方で有力大学ならではの"余力"を生かし、またその社会的使命に基づき、必ずしも自大学に入学するとは限らない〈未来の大学生〉たちへの働きかけも積極的に行っている。

　第4章は、学生たちの(文章表現に関する)過去の学習経験や意識などではなく現在のパフォーマンスや技量、とくに学生たちの〈できること〉に注目して、実態の把握、問題の特定・理解・解決を図る試みの報告である。「パフォーマンスや技量」といっても多面的・複雑で捉えがたいものだが、ここでは主に、主張を支えるための根拠として何を、どのように使うか——という視点からのアプローチを図る。言葉の教育を専門とする教師ならではの取り組みと言えよう。

　［第Ⅱ部］第Ⅱ部では、2017年刊の前作からの流れを継承して、教育の前線(現場、教室)からは後方に下がったところで、いわゆる大所高所から〈ライティングの高大接続〉論を展開する。前線における奮闘が尊いのはもちろんだが、ときには個々の教室を離れ、後方から全体のトレンドを見渡すようなことも有意義ではあろう。

　第5・6章は、前作刊行の後も続いた調査活動によって新たにわかったり、確かめられたりしたことの報告である。いずれも高校までの〈書く〉学習が近年どのように変容しつつあるかを探ったものだが、それぞれの筆者の興味・関心や個性を反映して、調査の焦点は互いにやや異なる。それでも、結果は矛盾するものではなく相補的なものとなっている。

　残る第7・8章は、今次(2010年代後半から)のいわゆる三位一体(高校教育、大学入試、大学教育の同時並行的な)改革の動向を踏まえたレビュー(総説、概説)である。両章とも、筆を執ったのはこのたびの「学習指導要領の改善に係る検討に必要な専門的作業等協力者」であり「大学入試のあり方に

関する検討会議」のメンバーでもある一人の大学教師（島田）である。その
ため、巷に流布する評論とはやや異なる、幅広で当事者感のあるレビューと
なっている。

　最後の終章には、それまでの各章から要するに何を読み取ればよいかを、
書き手の視点からまとめてみた。あくまでも「書き手の視点から」であるか
ら、その他に読み手の視点から読み取ることがあっても構わない。いずれに
しろ、一人一人の読者が何らかのインスピレーションやヒントを得て、各々
が携わる教育の現場で何らかの有意義な行動を起こしてくれたら——と著者
一同、願っている。

注
1　書籍①は、東京大学の入試に挑んだAI（東ロボくん）が突き当たって越えられ
　なかった壁が何であるかを報じつつ、それと同種の壁に、いま日本の子どもた
　ちが突き当たっているらしい現状を問題として提起したもの。書籍②は、その
　ような①の問題提起を受けて、ではどうすれば日本の子どもたちが「教科書が
　読める」ひいてはAIに負けないようになるだろうかと考え、そのための処方
　箋を提案したもの。

引用・参考文献
新井紀子（2019）『AIに負けない子どもを育てる』東洋経済新報社
Enos, R. L. (2001) Ancient Greek Writing Instruction. In J. J. Murphy (ed.) *A Short History of Writing Instruction from Ancient Greece to Modern America, Second Edition*, pp. 9–34. New Jersey: Lawrence Erlbaum

第Ⅰ部　前線で活動する

第1章　学生の実態に即して設計・実践する文章表現教育―大正大学の事例

1.1　高校における文章表現教育はどのように行われているのか―入学生の調査から見えてきたこと

春日美穂

　現在、多くの大学で初年次教育の一環としての文章表現教育が行われている。指導内容は多岐にわたり、作成する文章についても、小論文、レポート、自己PR等と多岐にわたる。文章表現教育が重視されるようになったことの背景に、「学生が文章を書けない」という大学側の危機意識があったと言えよう。しかし、その「学生が文章を書けない」という危機意識に、具体的な根拠はあるのだろうか。ここでは、私立文系大学の一つである大正大学において、大学入学以前の学生の学習履歴を調査した内容と、そこから見えてきた初年次文章表現教育の可能性について報告したい。

1.1.1　大正大学の文章表現教育

　大正大学は、1926（大正15）年に創立された私立文系大学である。仏教学部を擁する仏教系の大学として、「慈悲」「中道」「共生」「自灯名」を実践する「4つの人となる」を教育ビジョンとして掲げている。仏教学部のほかに、文学部、表現学部、心理社会学部、人間学部、地域創生学部があり、1学年1,200名程度が在籍している[1]。所在地は東京都豊島区西巣鴨であり、都営三田線西巣鴨駅から徒歩2分、池袋駅からバスで約10分、JR板橋駅から徒歩10分という好立地である。大学祭以外にも、鴨台盆踊りなど、学生が主体となることのできる行事が多く、地域との交流も盛んである。偏差値、規模ともに、いわゆる「中堅大学」と言えよう。

　大正大学は、1997 年度より初年次科目としての文章表現教育を行ってい
る。カリキュラム改訂とともに内容の改変はあったが、初年次教育としての
文章表現教育は途切れることなく行われてきた。2014 年度に基礎共通教育
(第Ⅰ類科目と呼ぶ)は「学びの窓口」と「学びの技法」の 2 つに分けて整理
された。前者は文化、社会、自然、地域の各分野を学ぶことをとおして生き
る力を身につけることを目的とし、後者は人格(キャリア)形成、基礎的学習
スキル、情報リテラシー、外国語を学ぶことをとおして専門分野を学ぶため
の基礎を身につけることを目的としている。「学びの技法」は、人格(キャリ
ア)形成を主眼とした「学びの基礎技法 A」、文章表現教育を主眼とした「学
びの基礎技法 B」、IT 教育を主眼とした「学びの基礎技法 C」の 3 つで構成
されている。「学びの基礎技法 A ～ C」は必修科目であり、時間割、担当教
員が指定され、万が一単位修得ができなかった学生は再履修クラスを受講す
ることになる。大正大学の基礎共通教育については大学公式ホームページ
を、「学びの基礎技法 B」の変遷については、由井他(2015)を参照されたい。
　「学びの技法」のなかでも特に「学びの基礎技法 B」は、TA による授業内
容についての授業外補助が行われており、学生を手厚くサポートしている。
大正大学は、学修支援の一環として、数学(日本企業の入社試験で広く利用
されている総合適性検査である SPI にむけての補助や、数学を学び直した
い学生へのサポート)や英語(外国人講師との会話)について授業外でのサ
ポートを行っている。しかし、授業と紐付け、授業の内容を授業外でサポー
トするシステムは学内でも「学びの基礎技法 B」にしかなく[2]、初年次での
文章表現教育を重視したカリキュラムとなっている。また、通年かけて文章
作成(具体的な到達目標としては 2,000 ～ 4,000 字程度の論証型レポート作
成)と、それにかかわるさまざまなアカデミックスキルズを扱っており、全
国的に見ても初年次文章表現教育に力を入れている大学の一つである。
　本稿では、初年次文章表現教育を主眼とする「学びの基礎技法 B」(以下、
「技法 B」)について、カリキュラム作成のために学習履歴の調査を行ったこ
とについての報告を行う。

1.1.2　「技法 B」の変遷とアンケートの企画

　2014 年発足当時、「技法 B」は 1 年前期(「技法 B-1」)、1 年後期(「技法 B-2」)、2 年前期(「技法 B-3」)、2 年後期(「技法 B-4」)の 2 年間の必修科目であった。授業担当は、授業発足時に採用された基礎共通教育を所管する教育開発推進センター[3]所属の 5 人の教員であった。何を、どのように教えるのか、到達目標はどうするのか等、教員間でさまざまな議論が交わされた。また、全学 FD を開催し、専門教育に有効に接続させるためには何をすべきかを、学部所属の教員とセンター所属の教員とで協議したが、学問分野において文章の形態も違うためすぐに統一的な見解を導くことは難しく、ひとまず800 字小論文の作成を到達目標として、教材やルーブリックを作成した。

　その後、授業期間が 1 年に短縮され、「技法 B-1」、「B-2」で完結することとなった[4]。それを機に、学生の入学時の状況をきちんと把握し、真に学生の大学生活を支える初年次教育としての文章表現教育を行うには何が必要かを把握するべきではないかと考え、学生の学習履歴についてのアンケートを行うことになった。

1.1.3　学習履歴についてのアンケート

　学習履歴についてのアンケートは、教育開発推進センター所属の教員が作成し、2017 年から継続的に行っている(「表 1.1-1」)。学生にインタビューすることを視野にいれ、学習履歴だけではなく、出身高校等に関する質問項目もいれている。まず、2017 年度末にテスト版として行い、そこへ 2018 年度、2019 年度には担当教員名や授業の曜日時限など、分析を進めやすくするための質問項目を追加した。対象は、大正大学に入学した地域創生学部を除く[5] 5 学部の新 1 年生、各年 1,200 名弱である。回答に大学で学んだ内容が混入するのを避けるため、アンケートは入学後のなるべく早期に (各クラスの進度にもよるが、第 1 回、2 回、3 回授業のいずれかの中で) 行った。一部にやむを得ぬ事情でアンケートを行えなかったクラスがある。また、アンケートを行った回に欠席した学生やアンケートに回答しなかった学生がおり、さらにアンケートには答えたものの不備があって集計数に入れられ

なかった回答を除いたため、有効回答数は入学者数よりも少ない。中でも
2017年度の有効回答数が少ない理由は、テスト版として専任教員担当クラ
スのみで行ったためである[6]。また、2017年度は専任教員が担当する他の共
通教育科目（「学びの窓口」等）でもアンケートを行ったため、一部2年生以
上の回答が含まれている。本稿では、最新の結果である2019年度の結果を
中心に報告を行う[7]。

表1.1-1　学習履歴についてのアンケートの概要

	2017年度	2018年度	2019年度
実施時期	2018年1月	2018年4月	2019年4月
実施対象	同年度「技法B」の受講生＋他授業の受講生	同年度「技法B」の受講生	同年度「技法B」の受講生
有効回答数	650	915	910
目的	大学入学以前の文章作成に関する学習履歴とその内容を明らかにする	同左	同左
構成	・学生の出身高校等に関する質問（学生にインタビューを行うため）－3問 ・文章作成に関する学習履歴とその内容についての質問－14問	・担当教員など学生の授業に関する質問－3問 ・出身高校等に関する質問－3問 ・文章作成に関する学習履歴とその内容についての質問－14問	同左

1.1.4　アンケートから明らかになったこと

1.1.4.1　文章の字数

　今回のアンケートにおいて最も明らかにしたかったことの一つとして、学
生は大学入学以前に何字程度の文章の作成経験があるのかという問題があっ
た。学生は、大学入学後の最初の学期末に、2,000字や4,000字程度のレポー
トを複数課されることもある。そうした字数に対応できるのかという問題意
識があったためである。

　それを明らかにするために、「高校在学中に書いた文章の字数は、どの程
度でしたか」という質問をした。対象は2019年度の1年生910人であり、
複数回答可としている。その結果は［図1.1-1］のとおりである。

　最も多いのは「400〜800字」の60.4％で、以下「800〜1,200字」の

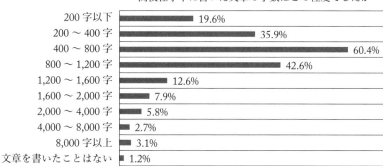

図 1.1-1　高校在学中に書いた文章の字数

対象は 2019 年度の 1 年生 910 人。複数回答。

42.6%、「200 〜 400 字」の 35.9% と続く。分布は「8,000 字以上」にまで広がっているが、2,000 字を超える帯域には合計でも 11.6% しかない。

　度数分布を表すグラフに「400 〜 800 字」を中心とする明瞭なピークが 1 つあることから、多くの学生にとって高校在学中に書いた文章の字数の標準は、800 字前後（原稿用紙 2 枚程度）と推測できる。この「800 字前後」という字数が、大学新入生に対する文章表現教育を行ううえで、さらに言えば、大学教育全体を行ううえでの一つの前提となってくる。

　他方、2,000 字を超える文章を書いたことのある学生の割合は多く見積もってもわずか 10% 余りである点にも注目したい。2,000 字というのは、大学のレポートとして決して長くはないが、多くの大学新入生にとってはほとんど未知の領域なのである。後の専門教育への接続を考えても、800 字を大きく超える字数の文章作成を経験させることは初年次文章表現教育のポイントの一つとなる。

　なお、2018 年度の結果を見ると、「400 〜 800 字」は 62.4% とあまり変わらないが、「800 〜 1,200 字」は 37.4% とやや少ない。その差異を〈増加〉と見ることができるかは、さらに継続的に調査し、結果を見ていく必要があるが、本書の第 5 － 7 章の内容などを考慮すれば、わずか 1 年の間にも高校生としては長めの文章を作成する率が年々増加しつつある傾向があらわれ

ている可能性はある。

1.1.4.2　文章の種類

　それでは、以上述べてきた字数のなかで、学生はどのような文章を作成してきたのであろうか。それを明らかにするために、学生がこれまでに書いてきたと思われる文章の例を示しながら「高校在学中に以下の文章を書いた経験はありますか」という質問をした。対象は 2019 年度の 1 年生 910 人であり、複数回答可としている。その結果が以下の［図 1.1-2］である。

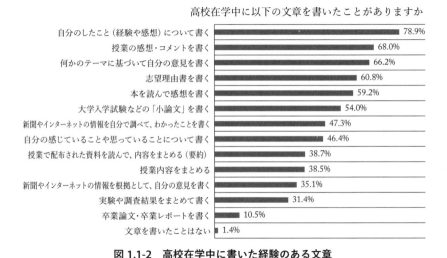

高校在学中に以下の文章を書いたことがありますか

文章	%
自分のしたこと（経験や感想）について書く	78.9%
授業の感想・コメントを書く	68.0%
何かのテーマに基づいて自分の意見を書く	66.2%
志望理由書を書く	60.8%
本を読んで感想を書く	59.2%
大学入学試験などの「小論文」を書く	54.0%
新聞やインターネットの情報を自分で調べて、わかったことを書く	47.3%
自分の感じていることや思っていることについて書く	46.4%
授業で配布された資料を読んで、内容をまとめる（要約）	38.7%
授業内容をまとめる	38.5%
新聞やインターネットの情報を根拠として、自分の意見を書く	35.1%
実験や調査結果をまとめて書く	31.4%
卒業論文・卒業レポートを書く	10.5%
文章を書いたことはない	1.4%

図 1.1-2　高校在学中に書いた経験のある文章
対象は 2019 年度の 1 年生 910 人。複数回答。

　最も多いのは「自分のしたこと（経験や感想）について書く」の 78.9% で、以降「授業の感想・コメントを書く」の 68.0%、「何かのテーマに基づいて自分の意見を書く」の 66.2%、「志望理由書を書く」の 60.8% と続く。その一方、「文章を書いたことはない」（1.4%）を除いて、最も少ないのは「卒業論文・卒業レポートを書く」の 10.5% であった。

　この結果から推察できるのは、大学におけるレポートのような文章が、必ずしも学生が高校までに書く文章の中心ではないことである。実際、「新聞

やインターネットの情報を根拠として、自分の意見を書く」や「実験や調査結果をまとめて書く」の選択率は 3 割程度にとどまっており、「自分のしたこと(経験や感想)について書く」のそれよりも明らかに低い。高校では、修学旅行や文化祭などの振り返りを感想文としてまとめることなども多く行われていると思われるが、大学ではこうした機会は少なく、そもそも文章作成へのアプローチが異なっていると見るべきであろう。

　2017 年度、2018 年度の結果と比較しても、大きな数値の異なりが見られる項目はなかったため、この結果は一定程度高校での文章作成の内実を映し出していると考えられる。こうした文章作成経験の内実を明らかにすることによって、高校教育と大学教育との円滑な接続の可能性を見出すことができる。

1.1.4.3　振り返り／フィードバック

　以上、学生の文章作成経験の字数、内容について確認してきた。それでは、学生は自身の作成した文章についてどのようなフィードバックを得てきたのであろうか。そのことを明らかにするために「文章を書いた後、どのような振り返りがありましたか」という質問をした。対象は 2019 年度の 1 年生 910 人であり、複数回答可としている。その結果が［図 1.1-3］である。

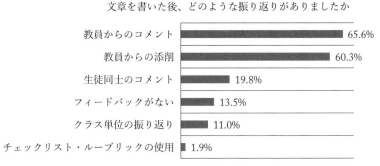

文章を書いた後、どのような振り返りがありましたか

教員からのコメント	65.6%
教員からの添削	60.3%
生徒同士のコメント	19.8%
フィードバックがない	13.5%
クラス単位の振り返り	11.0%
チェックリスト・ルーブリックの使用	1.9%

図 1.1-3　振り返り／フィードバックの状況
対象は 2019 年度の 1 年生 910 人。複数回答。

　それを見ると、「教員からのコメント」「教員からの添削」の2項目が60%を超えている一方、その他の項目は20%を下回っている。最も少ないのは「チェックリスト・ルーブリックの使用」の1.9%である。

　なお「フィードバックがない」という回答が13.5%あるが、複数回答可の設問であるため、フィードバックがすべての文章作成の機会において皆無であったというのではなく、ない場合もあったと解釈すべきであると考えられる。

　過年度と比べて注目すべきは、「生徒同士のコメント」であろう。2017年度は4%、2018年度は18.5%、2019年度は19.8%となっている。それを経年変化の表れと見るのは、もちろん時期尚早である。しかし、高校の現場で、作成した文章について生徒同士がコメントを交わすことが少しずつ行われるようになり、それが定着してきていることは十分に想定される。

　一方で、チェックリストやルーブリックの使用の経験がある学生は1.9%しかいないことにも注目される。現在、大学教育においてはルーブリックの使用が定着してきており、ルーブリックによって書き方の指標を示すことが多く行われるようになってきている。しかし、上述の結果に基づけば、ほとんどの学生にとってルーブリックやチェックリストはほぼ未知のものであり、それに基づいて文章を作成したり、評価されたりといった経験はきわめて少ないようである。レポート、実験報告、卒業論文等、大学で作成する文章には、形式面でも内容面でも教員がイメージする一定程度の基準がある。しかし、多くの学生は、そうした基準を一つ一つクリアしながら文章を作成するという経験をほとんどしていない。

　初年次文章表現教育では、ルーブリックやチェックリストに表わされるような基準があることを学生に教えるとともに、そうした基準に基づいて文章を作成したり評価されたりする経験をさせることが、一つのポイントとして挙げられるであろう。

1.1.4.4　先行研究の調べ方

　初年次教育のなかでも文章作成に特化した部分が担えるポイントとして、

① 800 字を大きく超える字数の文章作成経験、②ルーブリックやチェックリストを使用しての文章作成経験があることを述べてきた。

　今回の調査では、高校におけるアカデミックスキルズの扱われ方の一端を確認するために、「先行研究の調べ方」を学んだことがあるかという質問をした。

　その結果、先行研究の調べ方について指導を受けたと答えた学生は全体の5.7％であった。残りの94.3％の学生は、先行研究の指導を受けていない。この結果は、先行研究について調べるということをほとんど行わない、もしくは、先行研究という概念を知らないまま学生が大学に入学していることを示している。文章作成に限らず、レジュメ作成やプレゼンテーションにおいても、大学ではまず先行する事例、事項を確認する必要があることが多い。また、先行研究の調べ方を学んでいないということは、それをどのように引用するか、どのように出典を示すかについても、学生は学んでいない可能性が高い。

　このことは文章作成にかかわる科目だけではなく、初年次教育全般にとっても重要である。なぜなら、引用はどのような学問ジャンルでも必要な営為だからである。引用の方法は学問ジャンルによって異なる場合があるため、学部をこえて指導する際には、統一的な基準を示すのが難しい。しかし、今回の調査で、そもそも先行研究という概念から教える必要があることがわかった。先行研究という概念と、それに付随する引用に関するさまざまな事項の存在自体についての指導を初年次文章表現教育が担うことは十分可能であり、むしろ、それが初年次文章表現教育の担えるポイントであると言える。

1.1.5　卒業論文／レポート作成経験のある学生を対象とした調査
1.1.5.1　高校における卒業論文／レポートの字数

　今回の調査では、高校における先進的な文章表現教育の取り組みを知りたいという意図のもと、高校における卒業論文、卒業レポートの作成経験も問うている。2019 年度の 1 年生のうち、高校での卒業論文、卒業レポートの作成経験のある学生 93 人（全体の 10.2％[8]）に、実際に書いた論文／レポート

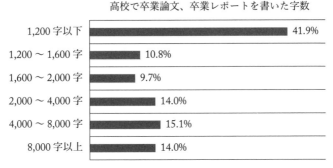

図 1.1-4　卒業論文、卒業レポートの字数

対象は、2019 年度の 1 年生のうち高校で卒業論文／レポートの作成を
経験したと答えた 93 人。

の字数を尋ねたときの回答が［図 1.1-4］である。

　「1,200 字以下」が 41.9% と最多である。1,200 字を超える帯域にはピーク
が見られず、ほぼ均等に分散しており、「8,000 字以上」と回答した学生も
14.0% いる。

　結果からは、卒業論文／レポートといっても、高校で作成するものの長さ
は短いことも多いと推察できる。先に 1.1.4.1 で示したように、卒業論文／
レポートを作成した経験のない学生も含めて、高校時代に書いたことのあ
る文章の字数を調べたところ、800 字前後に 1 つの明瞭なピークが見られた
（［図 1.1-1］）。800 字前後と「1,200 字以下」とは、もちろん区別できない。
つまり、高校時代に卒業論文／レポートを書いた経験があるからといって、
それがない場合に比べ、必ずしも大学のレポートに匹敵する長さの文章を書
き慣れているとは言えない。

　一方で［図 1.1-4］を見ると、2,000 字を超える帯域にも合計で 40% 以上
が分布している。2,000 字とは、大学で課されるレポートの一定の目安とな
る字数である。よって、あくまでも字数のみについてではあるが、高校で卒
業論文／レポートを書いた経験のある学生たちの中には一定数、大学で課さ
れるレポートに当惑することのない人がいるようである。しかし、先行研究
の調べ方について指導を受けた学生が 5.7% しかいなかったことを考えると

（1.1.4.4）、字数としては一定の量を作成した経験があっても、その経験だけでは大学のレポートにスムーズに取り組むことは難しいと想定される。

1.1.5.2　学生へのインタビュー

　上記の結果を踏まえて、2018 年度から 2019 年度にかけて、卒業論文、卒業レポートの作成経験がある学生にインタビューを行った。目的は、卒業論文／レポート作成に関する学習活動の期間や内容、そこから学生が一体何を得ているのかということを確認するためである。その中から、関東圏私立 A 高等学校の出身者 2 名、関東圏県立 B 高等学校の出身者 1 名、都立 C 高等学校の出身者 3 名に対してインタビューを行った結果は、［表 1.1-2］に示すとおりである。

表 1.1-2　卒業論文／レポートに関連する学習活動の期間・内容と、そこから得たもの

高校（人）	期間	内容	得たもの
A（2）	1〜2 年次	・20,000 字程度のレポート（論文）：自分の興味のあることについて	・物事を多角的に考えること
B（1）	3 年次		・客観性の重要さ
C（3）	2〜3 年次	・課題の内容に関するプレゼンテーション ・課題に関するアンケートやインタビュー調査 ・課題内容のポスター発表（A 高校のみ）	・文章を書くことの楽しさ ・レポート作成、プレゼンテーションに関する PC スキル ・今後何を学び、何をしたいかの指針

　まず指摘しておきたいのは、学校や学習活動の期間は異なっていても、内容や得たものはほぼ同じであったことである。内容を見ると、いずれの場合も 20,000 字程度という、大学の卒業論文と同程度の字数のものを作成していた。また、作成にいたるまでに、テーマ設定、テーマに関する調査やアンケート、インタビュー、プレゼンテーション等を経ていた。アンケートやインタビューを実施するかは研究テーマによるものの、何を行うかの選別も自分たちで行っていた。また、それらの取り組みから学生が得たものを見ても、調査、レポート作成、プレゼンテーションの経験、それらにかかわる PC スキルなどが共通して挙げられていた。

　次に指摘しておきたいのは、表には示していないが、これらの学生たちが

一様に、大学生活に臨むうえで不安がなかったと述べたことである。調査、レポート作成、プレゼンテーションの経験、それらにかかわる PC スキルなどをもっているという自信が、大学生活に不安なく望むことのできる状況を作ったのではないだろうか。

　そして、特に注目したいのは、そのような高校における卒業論文／レポート作成の取り組みが、将来へのビジョンをもつことにつながったと学生が一様に述べていることである。卒業論文や卒業レポートを作成する過程をとおして、将来、自分がどうしたいのか、何を学びたいのかがはっきりしたことにより、それに基づいて学部選択を行ったと学生たちは述べている。そのうえで、希望する学びができる大学について比較検討するなかで、各学生が大正大学について具体的な魅力を感じ、意識的に選択していた。学生のインタビューで大変印象的だったのは、1 年生の段階で、一様に大学が楽しい、大学での学びが充実していると答えていたことである。今回のインタビューをとおして、卒業論文／レポート作成の経験のなかで、十分に調べ、考え、表現する、また、それにかかわるスキルを身につけることで、明確なビジョンをもって大学に入学し、大学での生活の充実にもつながっていることが見えてきた。

　このことは、文章表現教育の可能性を示していると言えるのではないか。すなわち、ただ文章を書くだけのプログラムにとどまらず、その取り組みのなかで意識変化を導き、かつ、自信をもって大学生活を送れる土台をつくるプログラム、さらには将来にむけてのビジョンを育むプログラムにできる可能性があるということである。大正大学では、この結果を受けて、「技法 B」の内容を改訂した。このことは、続く本章 1.2 で由井が詳しく述べる。

1.1.6　むすびに―初年次文章表現教育の可能性

　以上、大正大学での大学入学以前の学生の学習履歴を調査した内容と、そこから見えてきた初年次文章表現教育の可能性について報告を行った。

　初年次教育は、専門教育に比べて、比較的学生にとって意味を見出しにくい科目になることもあり得よう。あるいは、それは学生だけではなく、教員

にとってもそうかもしれない。しかし、初年次教育が果たす、学生の自信を育む効果は実は大きいと言えるのではないか。逆に言えば、学生の自信を育むカリキュラム内容にすることが求められるということだ。

　教育開発推進センターでは、学習履歴の調査を行う前に、学生が初年次文章表現教育についてどのようにとらえ、また、初年次文章表現教育がどのような効果をもたらしているのかを 2016 年に調査している。調査の詳細はここでは省略するが、学生が大学での学びでさらに伸ばしたいと思う能力は何かについて、選択肢を示し、複数回答可として質問したところ、466 人の学生から回答を得た。その結果は、「専門分野に関する知識」53％、「人前で発表する力」49.6％、「文章を書く力」41％、「IT スキル」37.6％と続いている。学生は専門分野にかかわる知識をもっと学びたいと考える一方で、いわゆるアカデミックスキルズといわれるような、汎用的な力を身につけたいと考えていることがわかった。また、前述した卒業論文／レポート作成についてインタビューをした学生も、スキル面は大学で初めて習うことも多いと述べている。

　このあたりに、初年次文章表現教育の内容の充実の鍵があると言えるのではないか。すなわち、初年次文章表現教育のなかで、PC スキル、人前で発表をする経験を積むなどの、学生の汎用的な力を伸ばす内容を意識的に導入するということである。さらに、そうしたスキルを、ただ文章を書くだけではなく、自分自身で問題を見つけ、調査し、考え、表現することをとおして身につけることができれば、学生の将来のビジョンにもつながる内容にできる可能性がある。時間数の問題もあり、すべてを行うのは困難ではあるが、学生の学びの何を優先するかによって、おのずと扱う内容の取捨選択にもつながっていく。

　以上のように、意図的で意欲的な初年次教育には、高校と大学との接続を円滑に行いつつ、学生の学びの充実もはかるという、大きな役割を果たすことができる無限の可能性が秘められている。

付記

・本稿は、以下の 2 つの発表を礎としている。

1) 初年次教育学会「学生の学習履歴に基づく初年次文章表現教育—学生へのアンケート調査結果の分析から—」共同発表　春日美穂　由井恭子　吉田俊弘　近藤裕子　2018 年 9 月 6 日　於酪農学園大学

2) 大正大学第 3 回高大連携フォーラム「高大接続の文章表現教育をどのようにつくるのか」「高校における文章表現教育はどのように行われているのか—入学生の調査から見えてきたこと」2019 年 3 月 16 日　於大正大学

・学習履歴に関する調査については、吉田俊弘氏(大正大学)の助言を受けた。2016 年度に行った初年次文章表現教育に関する調査については、吉田俊弘氏、福島真司氏(大正大学)、日下田岳史氏(大正大学)の協力を得た。それぞれの調査の分析については、河田純一氏(大正大学大学院)の協力を得た。

・本報告は JSPS 科研費 19K02896 の成果の一部である。

注

1　2020 年度より、仏教学部、文学部、表現学部、心理社会学部、地域創生学部、社会共生学部に改編された。

2　2020 年度より、チューター制度を導入し学生サポートの規模が大幅に拡大した。

3　2019 年より、統合学修支援機構 DAC 基礎学力研究室に改編された。

4　2020 年度から、カリキュラム改編により「技法 B」科目がなくなる。詳細は由井による本章 1.2(付記)を参照されたい。

5　地域創生学部は独自の初年次教育を行っているため、調査対象から除外している。

6　専任教員の学内異動があり、2016 年度より非常勤教員が担当するクラスが出ている。

7　2017 年度、2018 年度のアンケート結果については、特筆すべき差異のある項目はなかったため、本稿で 2019 年度と比較する際は、主に 2018 年度のものを扱う。2017 年度の結果については、近藤・春日・由井(2019)を参照されたい。

8　図 1.1–2 で「卒業論文・卒業レポート」を書いたことがあると答えた学生の数と、「卒業論文・卒業レポート」の作成経験に特化した質問で書いたことがあると答えた学生の数が異なっているため、誤差が生じている。

引用・参考文献

近藤裕子・春日美穂・由井恭子 (2019)「初年次文章表現教育に向けての文章作成
　　経験を問う予備調査―高大接続の観点から―」『大正大学教育開発推進セン
　　ター年報』3: pp. 12–16. 大正大学

由井恭子・近藤裕子・春日美穂・日下田岳史 (2015)「大学生における日本語文章表
　　現技術の授業展開とその成果」『大正大学研究紀要』100: pp. 360–374. 大正
　　大学

大正大学公式ホームページ <https://www.tais.ac.jp> 2020.1.15

1.2　多様な学習履歴をもった学生たちを大学はどのように受け止めるのか—大学における文章表現教育実践

由井恭子

第 1 章 1.1 において、春日が報告したとおり、大正大学では、文章表現に関する学習履歴調査を実施し、さまざまな学習履歴をもった学生が入学していることが明らかになった。では、これらの多様な学習履歴をもつ学生たちを、大学がどのように受け止めるのか。本稿では、その実例として大正大学初年次文章表現教育の実践を中心に報告する。

1.2.1　大正大学における初年次文章表現教育

大正大学では、2014 年度から 2019 年度にかけて、全学必修の初年次文章表現教育「学びの基礎技法 B」(以下、「技法 B」)を実施した。授業カリキュラムの変遷は、春日の報告(本章 1.1.1)に詳しいが、本稿では、2019 年度の「技法 B」取り組みについて報告する。

「技法 B」は、春学期 90 分 15 回(2 単位)、秋学期 90 分 15 回(2 単位)、合計 4 単位の授業である。1 クラスを約 35 人とし、30 クラス開講した。クラス編成は、A 群(教育人間学科、人文学科、日本文学科、臨床心理学科)、B 群(仏教学科、社会福祉学科、表現文化学科)、C 群(環境学科、歴史学科、人間科学科)の 3 群に分け、学科混成クラスとした。このクラス編成により、アクティブ・ラーニングが得意な学生が多い学科や、座学が得意な学生が多い学科など、さまざまな個性や学問的背景をもつ学生の、共同学習が可能となった。授業は、基礎学力研究室専任教員 2 名、歴史学科専任教員 1 名、非常勤講師 6 名の合計 9 名が担当した。

1.2.2　春学期の授業カリキュラム(「調査報告型レポート」を学ぶ)

春学期は、①レポート作成のスキルを身につける、② SDGs17 のゴール[1]に関わる 1,000 字から 2,000 字程度の調査報告型レポートを作成することを

到達目標とした。本授業の調査報告型レポートで学生に求めたことは、以下のとおりである。「問いと調査、考察」では、①適切な問いを設定し、その問いに対する調査内容が記されていること、②調査内容に対する考察が記されていること、「構成」では、①はじめに、本論、むすびで構成されていること、②「はじめに」では、問題の背景、問題提起、レポートの目的が記されていること、③「むすび」には全体のまとめが記されていることとした。また、「引用」では、①信頼できるデータを新聞記事、インターネット資料から 2 点以上引用すること、②注を付けることとした。

　春学期カリキュラムは、導入、基礎部分、調査部分、発展部分、総括を 5 つの柱として構成した（[図 1.2-1] 参照）。まず、導入では授業ガイダンス後に、グループでの自己紹介などのアイスブレイクで新入生の緊張を和らげ、授業の雰囲気作りに心がけた。

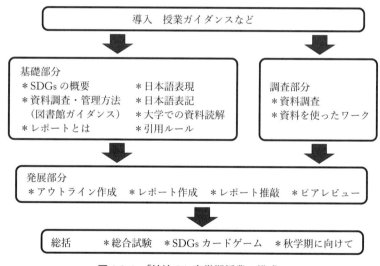

図 1.2-1　「技法 B」春学期授業の構成

1.2.2.1　基礎部分

　基礎部分としては、レポート作成ルールを中心としたアカデミックスキル（資料調査・管理方法、レポートとは、日本語表現、日本語表記、大学での

資料読解、引用ルール）を取り上げた。そのほか、レポートテーマの SDGs について概要を説明した。基礎部分で、学生の調査結果を基に授業内容を精査したのは、SDGs の概要と、資料調査・管理方法、引用ルールである。「技法 B」ではレポートテーマを、2018 年秋学期から SDGs17 のゴールを視座とするものに設定した。2018 年 11 月に「技法 B」由井クラスの受講生（約 200 人）に対し、SDGs の認知に関して調査を行った。回答者数は 185 人であった。その調査によると、「技法 B」を受講する前から SDGs について知っていたと回答した学生が 12 人（6.5%）、知らなかったと回答した学生が 173 人（93.5%）であった。この調査結果から、大学入学時における学生の SDGs の認知度がそれほど高くないことが明らかになった。これを受け「技法 B」では、SDGs 成立の背景や日本や社会での取り組みについて、さらに詳しく解説することにした。また、春日の報告（1.1.4.4）のとおり、高校で先行研究の調べ方を学んだ学生が 5.7% であり、ほとんどの学生が先行研究の調べ方を学んでいないことも明らかになった。この調査を受け、「技法 B」では、資料調査・管理方法と引用ルールについて、丁寧に解説することとした。特に引用ルールは、学習履歴調査以前より授業回数を増やした。解説だけではなく、演習問題の時間を十分に設け、知識が定着するようにカリキュラムを変更した。

　そのほか基礎部分「レポートとは」では、大学のレポートは自分でレポートのテーマを決め、信頼できるデータを根拠として示し、考察や主張を述べるものであることと、教員からレポート課題に何が求められるのかを理解できることの重要性を意識させた。学生がこれらを理解しないままレポートを作成すると、感想文をレポートとして提出する事態となるため、重要な授業内容と言える。そして、「日本語表現」「日本語表記」では講義だけでなく演習にも時間を取り、レポートにふさわしい文章を書くことができるように、表現・表記の基本について確認した。「大学での資料読解」では、文章を正しく読解することは当然のこととして、その資料を読み、疑問に感じることや考えさせられることが、レポートの問いとなっていく可能性を説明し、調査部分と連携しながら授業を展開した。

1.2.2.2　調査部分

　続いて調査部分では、レポートテーマである SDGs17 のゴールにつなが
る資料（新聞記事とインターネット資料）を各自調査し、その資料をグループ
で共有し、要点や疑問点を出し合った。新聞記事については、グループワー
クで SDGs17 のゴールのどこに関連するかを考えさせることにより、自分
の視点とは異なる新たな視点を得ることができ、それがレポートテーマ発見
に繋がっている。インターネット資料については、その資料が信頼性のある
資料かどうかを、お互いに点検させるグループワークを行った。ちなみに、
2019 年度春学期由井クラスのレポートでは、個人ブログなど信頼性の低い
サイトから資料を引用した者は、210 人中 4 人であった。ここからも、この
グループワークは一定の成果があったと言える。

1.2.2.3　発展部分

　基礎部分、調査部分終了後に、発展部分としてレポートを作成した。「ア
ウトライン作成」「レポート作成」「レポート推敲」「ピアレビュー」と、丁
寧にレポート作成の過程を踏まえた。このなかでも「アウトライン作成」で
は、グループワークを取り入れお互いにアウトラインを共有し、自分のアウ
トラインの論理構成を見直すきっかけを作った。アウトラインはテキスト[2]
にサンプルを提示しているが、サンプルを参照するだけではアウトライン作
成が困難な学生も、グループワークを実施することでそれがヒントとなり、
アウトラインを作成できるようになる事例も見られた。アウトライン作成
後、各自レポートを完成させ翌週のグループでの推敲に臨んだ。グループ推
敲は、相手のレポートの良い点やわかりにくい点を、お互いに指摘し合うこ
とで、自分もグループメンバーも共に、レポートの質を高めることができる
貴重な機会であることを、よく説明するようにしている。グループ推敲ワー
クの意義がわからないまま、グループワークに入ると、自分のレポートを読
まれたくないと拒否する者や、相手のレポートをむやみに批判する者が出て
くる可能性があるため、この説明は丁寧にするように心がけている。グルー
プ推敲後の、学生のコメントシートには、「自分が気づかないミスを教えて

もらった」「相手のレポートの論構成が参考になった」などの記述が多く、学生たちはグループ推敲の意義を理解し、1人で推敲するよりも効果が出ていることがわかる。グループで推敲をすることで、自分のレポートの質が高まることを学生も実感したようで、「他の授業のレポートも友達と推敲した」などの報告も受けるようになってきた。調査報告型レポートはこのようにして完成に導いた。

1.2.2.4　総括

　総括では、より SDGs への理解を深めるため、イマココラボが開発した SDGs カードゲーム[3] を取り入れた。カードゲームをとおし、学生たちは誰かが何かをすることで必ず世界に影響を与えることを擬似体験し、より深く SDGs について考えるようになったようである。コメントシートには、「産業を発展させるのは必要だが、環境を破壊し続けないために何ができるかを考えていきたい」「1人1人が、住みやすい社会を作るために努力しなくてはならない」などの意見が多く見られた。ここで考えたことを踏まえ、秋学期の論証型レポートテーマを考えるように促し、春学期の授業は終了した。

1.2.3　秋学期の授業カリキュラム（「論証型レポート」を学ぶ）

　秋学期は、SDGs17 のゴールに関わる 2,000 字〜 4,000 字程度の論証型レポートを作成することを到達目標とした。本授業の論証型レポートで学生に求めたことは、以下のとおりである。「問いと主張」では、①適切な問いを設定し、問いと主張（具体的方策）が対応していること、②本論には資料調査に基づく事実とその解釈、そこから導かれる論拠が示された説得力のある主張（具体的方策）が記されていることとした。「構成」では、①はじめに、本論、むすびで構成されていること、②「はじめに」には、問題の背景、問題提起、レポートの目的が記されていること、③「むすび」には、全体のまとめが記されていることとした。「引用」では、①主張（具体的方策）に必要なデータを引用していること、②信頼できるデータを、新聞記事、インターネット資料、図書、雑誌論文のなかから、3種類4点以上引用していること、

③注を付けることとした。

　秋学期カリキュラムは、導入、発展部分①（レポート作成）、発展部分②（プレゼンテーション）、総括を 4 つの柱として構成した（［図 1.2-2］参照）。

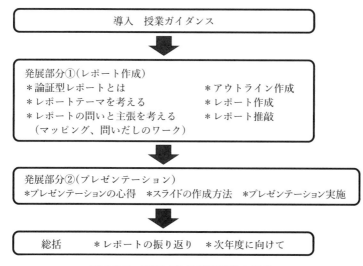

図 1.2-2　「技法 B」秋学期授業の構成

1.2.3.1　導入

　まず、導入では、秋学期の授業ガイダンスと、春学期に作成したレポート返却を行った。春学期のレポートは、教員によるチェックリストへのチェックと、アドバイスを付けて返却した。学生たちには、自分のレポートの改善点を確認し、翌週に改訂したレポートを再提出することを求め、春学期の授業内容の振り返りとした。

1.2.3.2　発展部分①

　発展部分①では、論証型レポート作成に向けての授業を展開した。まず、「論証型レポートとは」では、「調査報告型レポート」と「論証型レポート」との違いを確認した。論証型レポートでは、自分の主張（具体的方策）を述べ、その主張について根拠となるデータを示し、論証する必要があることを重点

的に指導した。続いて、「レポートテーマを考える」では、秋学期のレポート
テーマに関する資料調査の内容をグループで共有した。春学期と秋学期のレ
ポートテーマは、同じテーマを発展させてもよいし、違うテーマに変えても
よいとした。春学期授業でのグループワークやSDGsカードゲームをとおし、
春学期とテーマを変更した者もいた。「問いと主張を考える」では、グループ
ワークを取り入れながら、マッピングや問いだしのワークを実施し、それぞ
れのテーマにどのような問いや主張があるかを考えさせた。これらのワーク
もグループワークを取り入れた。1人でマッピングやワークをするよりも、グ
ループワークの方が、テーマについて多角的に考察することができるため、
グループワークをきっかけに問いと主張を見つけた者もいた。ただし、これ
らのワークだけでは問いと主張が決められない学生には、授業中だけではな
く、教員やTA（ティーチング・アシスタント）が、コメントシートにアドバイ
スを書いて翌週に返却したり、ライティングサポートデスクでTAが指導し
たり、授業内外でサポートした。この後は春学期同様に、アウトライン作成、
レポート作成、推敲と授業を展開し、レポートを完成へと導いた。

1.2.3.3　発展部分②および総括

　発展部分②では、プレゼンテーション実施に向けての授業を展開した。
　大正大学教育開発推進センター[4]では、「技法B」受講者に、「大学入学以
前に文章を書いた経験についてのアンケート（2019）」を実施した。調査目
的は、大学入学以前に、どのような場面で文章を作成したか、どのような文
章を作成したか、どのような指導を受けた経験があるか、そして、プレゼ
ンテーションの経験の有無を知ることである。調査は、主体である大正大学
教育開発推進センターから「技法B」担当教員に依頼する形で実施された。
調査対象者は、2019年度「技法B」受講者の約1,100人、調査実施時期は
2019年4月15日〜2019年4月19日（第2回授業）、調査実施方法は、授
業中に調査用紙（Googleフォームで作成）を配布し実施した。調査内容は、
高校時代に書いた文章に関する設問が2問、高校時代の文章作成の指導に関
する設問が4問、受験のための小論文に関する設問が2問、卒業論文・卒業

制作に関する設問が 2 問、プレゼンテーションの経験に関する設問が 2 問であった。総回答数は、910 人であった。

　本調査では、47.4%の学生が、大学入学以前にプレゼンテーションの経験がないと回答した。本授業でプレゼンテーションをカリキュラムに入れるかどうか教員により議論がなされていたが、調査により 47.4%の学生がプレゼンテーションの経験がないのであれば、「技法 B」授業で扱った方がよいと考え、カリキュラムに組み込んだ経緯がある。

　プレゼンテーションは、論証型レポートと同内容、発表時間は 5 分とした。まず、4 人 1 組のグループでの個人発表を行い、そのなかから代表者を 1 人選出した。代表者は後日、クラス全員の前で、プレゼンテーションを行った。授業内容は、まず「プレゼンテーションの心得」で、プレゼンテーションにおける基本的注意事項を確認した。いつ、どこで、誰に対して実施するのか、また、資料や機材の有無などを確認するよう促した。続いて、「スライドの作成方法」を説明し、授業中に実際に資料を作成する時間を設けた。その後のグループワークで、お互いにその過程を確認し、初めてスライドを作成する学生が、得意な学生のスライドを参考にしている様子もうかがえた。スライド作成後プレゼンテーションを実施した。その際に、話し手の心得、聞き手の心得を説明し、実際のプレゼンテーションに移った。代表者のプレゼンテーションの前には、アカデミックな場での質疑応答の方法などを確認した。このようにプレゼンテーションを実施して、秋学期「技法 B」の授業は終了した。

1.2.4　初年次文章表現教育の成果

1.2.4.1　SDGs を共通テーマとしたことの利点

　「技法 B」では、2018 年度秋学期から SDGs をレポートテーマとすることにした。先にも記したとおり外務省ホームページでは、持続可能な開発目標（SDGs）とは、2001 年に策定されたミレニアム開発目標（MDGs）の後継として、2015 年 9 月の国連サミットで採択された「持続可能な開発のための 2030 アジェンダ」にて記載された 2030 年までに持続可能でよりよい世界を

目指す国際目標と説明されている。［表 1.2-1］に、その 17 のゴールを挙げる。これらの内容は現在を生きる私たちが考えなくてはならない問題、そして解決していかなければならない課題ばかりであり、そして、時事問題のほとんどがこの 17 のゴールのどこかに繋がっていると言える。

表 1.2-1　SDGs の 17 のゴール

世界を変えるための 17 の目標
1　貧困をなくそう
2　飢餓をゼロに
3　全ての人に健康と福祉を
4　質の高い教育をみんなに
5　ジェンダー平等を実現しよう
6　安全な水とトイレを世界中に
7　エネルギーをみんなに、そしてクリーンに
8　働きがいも経済成長も
9　産業と技術革新の基盤をつくろう
10　人や国の不平等をなくそう
11　住み続けられるまちづくりを
12　つくる責任、つかう責任
13　気候変動に具体的な対策を
14　海の豊かさを守ろう
15　陸の豊かさも守ろう
16　平和と公正をすべての人に
17　パートナーシップで目標を達成しよう

国連広報センター HP をもとに筆者作成。

　SDGs をレポートテーマとして良かった点の一つとして、共通教育で同じテーマのもとにレポートを作成できることが挙げられる。「技法 B」では、9 人の教員が授業を担当しているが、このように大学初年次の文章表現教育では、複数の教員が統一カリキュラムで授業を実施しているところも多いと予測される。その場合、レポートテーマを自由、あるいは時事問題などとすると、教員によりテーマが異なり教育内容の統一が困難になる可能性もあるだろう。「技法 B」では、SDGs を一つの理念とすることにより、教員間の指導を近づけることが可能となり、共通教育のコンテンツとしても有益であった。

1.2.4.2　学生たちの社会に対する意識の変化

　続いて、本授業を受講した学生たちの意識が、どのように変化したのかを報告する。大正大学基礎学力研究室では、「技法 B」レポート作成終了時に意識調査を実施した。調査目的は、学生のレポート作成過程と、SDGs に関するレポートを作成したことによる、学生の意識、行動の変化を知ることである。調査は、主体である大正大学基礎学力研究室から「技法 B」担当教員に依頼する形で実施された。調査対象者は、2019 年度「技法 B」受講者の約 1,100 人、調査実施時期は 2019 年 11 月 25 日～ 2019 年 12 月 9 日（第 9 回、第 10 回授業）、調査実施方法は、授業中に調査用紙（Google フォームで作成）を配布し実施した。調査内容は、SDGs の認知に関する設問が 2 問、春学期レポートに関する設問が 4 問、秋学期レポートに関する設問が 5 問、SDGs に関するレポートを作成したことによる、意識、行動の変化に関する設問が 3 問であった。総回答数が、674 人、有効回答数が 668 人（重複 6 名を除く）、調査協力者数が 663 人（承諾できない者 5 名）であった。

　本調査で「基礎技法 B で SDGs に関わるレポートテーマを作成したこと

> 意識調査設問…「技法 B」で SDGs に関わるレポートを作成したことにより、社会問題について、以前より意識するようになりましたか。

社会問題への意識の変化

非常に意識するようになった	114	17.2%
ある程度意識するようになった	454	68.5%
以前と変わらない	80	12.0%
分からない	9	1.4%
無回答	6	0.9%
合計	663	

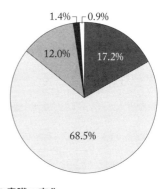

- ■ 非常に意識するようになった
- □ ある程度意識するようになった
- ■ 以前と変わらない
- ■ 分からない
- □ 無回答

図 1.2-3　学生の社会問題への意識の変化

により、社会問題について以前より意識するようになりましたか」と質問したところ、85.7%の学生が「非常に意識するようになった／ある程度意識するようになった」と回答した（[図1.2-3] 参照）。

　さらに、同調査で「技法 B で SDGs に関わるレポートを作成したことにより、今まで見えなかった社会の仕組み、社会の構造への理解が深まりましたか」という質問に対し、85.0%の学生が、「非常に深まった／深まった」と回答した（[図1.2-4] 参照）。

> 意識調査設問…「技法 B」で SDGs に関わるレポートを作成したことにより、今まで見えなかった社会の仕組み、社会の構造への理解が深まりましたか。

社会の仕組み・構造への理解

非常に深まった	107	16.1%
深まった	457	68.9%
あまり深まっていない	57	8.6%
全く深まっていない	9	1.4%
分からない	29	4.4%
無回答	4	0.6%
合計	663	

■ 非常に深まった　　□ 深まった
■ あまり深まっていない　■ 全く深まっていない
■ 分からない　　□ 無回答

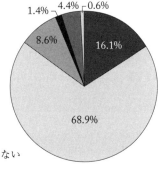

図 1.2-4　学生の社会の仕組み・構造への理解の変化

　このように、学生たちは「技法 B」授業において、レポートを作成し、グループメンバーのレポートやプレゼンテーションの内容を知る過程で、さまざまな知識をつけていったと考えられる。特に、SDGs17 のゴールは一つ一つで独立しているものではなく、たとえば、「食品ロス」のテーマでは、「1 貧困をなくそう　2 飢餓をゼロに　10 人や国の不平等をなくそう　12 つくる責任、つかう責任　17 パートナーシップで目標を達成しよう」などのように、複数のゴールと関わっていくことが特徴である。学生たちは、レポートのテーマを考察していく過程で多角的な視点で社会を考察する力を身につ

け、その結果社会問題への意識が高まり、社会の仕組みや構造への理解も深まったと言える。また、グループワークで自分のレポートテーマ以外の社会問題に関する知識を得、社会に関する問題意識を高めた可能性も高いと考えられる。

1.2.4.3　学生たちの文章表現に対する意識の変化

　以上のように 1 年間の必修で展開してきた「技法 B」であるが、学生たちが本授業をどのように受け止め、活用しているのかを見ていきたい。

　大正大学基礎学力研究室では、「大学生活の充実度と授業との関係に関する調査」を実施した。調査目的は、学生の学生生活に関する充実度と、学生生活と授業の充実度との関係を知ることである。調査は、主体である大正大学基礎学力研究室から「技法 B」担当教員に依頼する形で実施された。調査対象者は、2019 年度「技法 B」受講者の約 1,100 人、調査実施時期は 2020 年 1 月 14 日〜 2020 年 1 月 27 日（第 14 回、第 15 回授業）、調査実施方法は、授業中に調査用紙（Google フォームで作成）を配布し実施した。調査内容は、学生生活に関する設問が 8 問、授業など学習面に関する設問が 5 問、「技法 B」

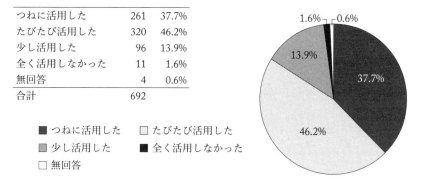

意識調査設問…「技法 B」の授業で得た知識や技術を、他の科目のレポートや文章を書く際に活用しましたか。

つねに活用した	261	37.7%
たびたび活用した	320	46.2%
少し活用した	96	13.9%
全く活用しなかった	11	1.6%
無回答	4	0.6%
合計	692	

■ つねに活用した　□ たびたび活用した
■ 少し活用した　■ 全く活用しなかった
□ 無回答

図 1.2-5　「技法 B」の授業で得た知識や技術を、他の科目のレポートや文章を書く際に活用しましたか

以外のレポートに関する設問が 6 問、「技法 B」関する設問が 3 問であった。有効回答数が 697 人、調査協力者数が 692 人（承諾できない者 5 名）であった。

　本調査で、「『学びの基礎技法 B』の授業で得た知識や技術を、他の科目のレポートや文章を書く際に活用しましたか」と質問したところ、「つねに活用した」が 37.7％、「たびたび活用した」が 46.2％、「少し活用した」が 13.9％であり、97％以上の学生が、レポート作成時に本授業で得た知識を活用していることがわかった（［図 1.2-5］参照）。初年次文章表現教育を担当していると、他の授業でレポートを作成する際にその知識を活用しているのかどうか気になるところである。本学 1 年生では「技法 B」が他の科目のレポート作成に活用され、その接続がある程度有効であることが明らかになった。

　また、同調査において「大学入学時と比べて、あなたのレポートを書く技術は、どのように変化したと感じましたか」と質問したところ、「大きく向上したと感じる」が 22.0％、「ある程度向上したと感じる」が 69.4％、と約 90％の学生が、自分の書く力の向上を認識していることがわかった（［図 1.2-6］参照）。

意識調査設問…大学入学時と比べて、レポートを書く技術は、どのように変化したと感じましたか。

大きく向上したと感じる	152	22.0%
ある程度向上したと感じる	480	69.4%
あまり変化していないと感じる	53	7.7%
やや低下したと感じる	3	0.4%
大きく低下したと感じる	2	0.3%
無回答	2	0.3%
合計	692	

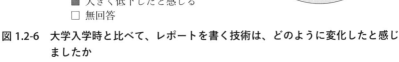

- ■ 大きく向上したと感じる
- □ ある程度向上したと感じる
- ▨ あまり変化していないと感じる
- ■ やや低下したと感じる
- ▨ 大きく低下したと感じる
- □ 無回答

図 1.2-6　大学入学時と比べて、レポートを書く技術は、どのように変化したと感じましたか

　もちろん、レポートは、「技法 B」以外のさまざまな授業で出される課題である。大正大学では、各学科・コースにより 1 年生向けの基礎ゼミが開講されており、そのなかでレポートの作成方法を授業内容に組み込んでいる場合もある。したがって、この結果は「技法 B」だけの成果ではないが、［図1.2-5］の調査からも、「技法 B」はレポート作成時に学生たちに大きな影響を与えていることが明らかになっている。このことからも、「技法 B」の成果の一部が反映された結果であると言える。

1.2.5　まとめ

　以上のように、大正大学文章表現教育「技法 B」では、新入生の学習履歴調査に基づいたカリキュラムを構築し、レポート作成のスキルと、SDGs をテーマとした探究型学習 を中心としたカリキュラムを実施してきた。本カリキュラムでは、学習履歴調査から、特に初年次教育で教えなければならない内容として、資料調査・管理方法と引用ルール、プレゼンテーションを重視した。また、SDGs に関連するテーマでの探究型学習は、学生たちに、社会問題への意識を喚起し、社会の仕組み、構造の理解を深化させていると言える。また、「大学生活の充実度と授業との関係に関する調査」において、97% 以上の学生が、他の科目のレポート作成時に「技法 B」で修得した技術を参考にしていることや、約 90% の学生が、自分の書く力の向上を認識していることがわかった。この調査からも、「技法 B」は大学初年次文章表現教育として十分に学生たちに活用されていることが明らかになった。

付記
・本稿は、以下の 2 つの発表をもとに、作成した。
1）大正大学第 3 回高大連携フォーラム「高大接続の文章表現教育をどのようにつくるのか」「高校教育からの接続を大学はどのように受け止めるのか―大学における文章表現教育の実践」2019 年 3 月 16 日　於大正大学

2）教育研究フォーラム「SDGs を視座とした初年次文章表現教育―大正大学における実践と成果報告―」共同発表　由井恭子　春日美穂　吉田俊弘　近藤裕子　2020 年 3 月 18 日　於京都大学

・大正大学では 2020 年度から、初年次教育を探究実証系（仏教学部、文学部、心理社会学部）と社会創造系（社会共生学部、地域創生学部、表現学部）の 2 種類の学部郡に分けて実践していくことが決定している。探求実証系はセメスター制、社会創造系はクォーター制を導入し、それぞれ別系統として運営していく。さらに 2021 年度からは探究実証系と社会創造系を融合させ、新たなカリキュラムとして運営していく予定である。

・本研究における意識調査の作成は、大正大学総合学習支援機構 DAC 基礎学力研究室室長吉田俊弘氏、大正大学教育人間学科日下田岳史氏の協力を得た。また、意識調査の分析については、大正大学大学院生河田純一氏の協力を得た。

・本報告は JSPS 科研費 19K02896 の成果の一部である。

注

1　SDGs（持続可能な開発目標）とは、2001 年に策定されたミレニアム開発目標（MDGs）の後継として、2015 年 9 月の国連サミットで採択された「持続可能な開発のための 2030 アジェンダ」にて記載された 2030 年までに持続可能でよりよい世界を目指す国際目標。17 のゴール（目標）が挙げられている。詳しくは外務省ホームページ（引用・参考文献）等を参照。

2　近藤裕子・由井恭子・春日美穂（2019）『失敗から学ぶ大学生のレポート作成法』p.80　ひつじ書房

3　詳しくは一般社団法人イマココラボのホームページ（引用・参考文献）を参照。

4　教育開発推進センターは、2019 年 11 月 1 日より、基礎学力研究室と名称が変更された。

引用・参考文献

近藤裕子・由井恭子・春日美穂（2019）『失敗から学ぶ大学生のレポート作成法』ひつじ書房

外務省「JAPAN SDGs Action Platform」
<https://www.mofa.go.jp/mofaj/gaiko/oda/sdgs/about/index.html> 2020.1.30

一般社団法人イマココラボ「カードゲーム『2030SDGs』の紹介」
　　　　<https://imacocollabo.or.jp/games/2030sdgs/> 2020.2.8
国際連合広報センター「SDGs（エス・ディー・ジーズ）とは？ 17 の目標ごとの説
　　　明、事実と数字」
　　　　<https://www.unic.or.jp/news_press/features_backgrounders/317371> 2020.11.03

第 2 章 「型」を学ぶ—文章作成に対する苦手意識と躓きの調査から

根来麻子

ある医療福祉系大学で 1 年次生たちにライティングを教える科目を必修化するにあたり、それまで選択科目であったときには無かった懸念や問題が浮かび上がった。それらを解決・解消するためには、教室に集う学生の意識や経験をよく知ることが欠かせない。そのような考えに基づいて調査を企画・実施し、得られた結果を踏まえて実践のあり方を考えてみた。

2.1 調査と実践の場、背景

　川崎医療福祉大学は、岡山県倉敷市に所在し、医療福祉に関わるスペシャリストの育成を目指す四年制大学である。現在は、医療福祉学部・保健看護学部・リハビリテーション学部・医療技術学部・医療福祉マネジメント学部の 5 学部 17 学科を擁する。

　川崎医療福祉大学では、2014 年度より、それまで選択科目であった「文章表現」が 1 年次必修科目となった。その目的は、実習ノートの記入やレポートの作成などにかかる基礎的な「書く力」の向上、および、卒業論文執筆や国家試験・就職試験における小論文作成を見通した、医療福祉人としての論理的な文章作成能力の育成である。筆者を含む「文章表現」授業担当者（当時）は、小論文やレポートの書き方、敬語の使い方・手紙の書き方など、これからの大学生活において必須となる技術の習得を目標に、オリジナルテキスト『大学生のための文章表現テキストブック』(内藤康裕・根来麻子編、2014 年発行、2015 年改訂)を用いて授業運営を開始した。

　ただ、必修化に伴い、文章を書くことが苦手な学生や、文章を書くことへの興味が薄い学生も当該科目を履修することになったため、学生の学修意欲

や基礎学力などに開きのある可能性が懸念された。学生のバックグラウンドやこれまでの学修経験を把握することは、学修効果の上がる授業内容や授業方法を検討するうえで必要不可欠である。しかし、当時は 1 学科 1 クラスとして開講していたため、受講人数が 50 〜 120 人と大規模であり、授業時間内だけでは学生一人一人の実態を把握することは困難であった。そこで、文章を書くことに関する学生の意識や経験の実態を明らかにするため、アンケート調査を実施した。

　本章では、その調査結果を手がかりに、医療福祉系大学で学ぶ初年次学生に対する文章指導における課題と実践の一部を報告する。

　なお、現在の川崎医療福祉大学における「文章表現」のカリキュラムおよび指導方針は、大学改組の一環で学部学科が増設されたことなどにより、当該調査実施当時からは大幅に変更されている。また筆者は、2018 年度を以て川崎医療福祉大学を退職し、現職に異動した。本章の内容は、あくまで2015 年当時の調査に基づいた、一元教員の私見であることをここにお断りしておく。

2.2　何をどのように調べたか

2.2.1　対象

　川崎医療福祉大学（以下「対象大学」とする）の 2015 年度必修科目「文章表現」（半期 15 回 2 単位。春学期・秋学期に学科ごとに開講）の受講者である 1 年生（と過年度生）のうち、調査の趣旨に賛同した 809 名を調査対象とした。調査実施当時は、医療福祉学部・医療技術学部・医療福祉マネジメント学部の 3 学部があり、医療福祉学部の中には医療福祉学科・臨床心理学科・保健看護学科の 3 学科、医療技術学部の中にはリハビリテーション学科・感覚矯正学科・健康体育学科・臨床工学科・医療栄養学科の 5 学科、医療福祉マネジメント学部の中には医療情報学科・医療秘書学科・医療福祉経営学科・医療福祉デザイン学科の 4 学科があった。学科ごとに特化した知識や技術を学び、それぞれ該当する医療福祉専門職への就職を目指している。

2.2.2　実施時期・方法

　調査実施時期は、2015 年 4 月と 9 月の初回授業時である。方法は、無記名のマークシート式アンケート用紙(章末の参考資料)による。

2.2.3　アンケートの内容

以下の項目についてアンケートを行った。

(1)「文章を書くことは好きですか」という質問項目について、「好き」「どちらかといえば好き」「どちらかといえば嫌い」「嫌い」の 4 件法で回答を求めた。

(2) (1)で「どちらかといえば嫌い」「嫌い」を選んだ学生に対し、「その理由を次から選んでください」という質問項目を設け、複数回答可として回答を求めた。選択肢は「課題に興味がわかない」「書きたいことはあるが、適切な言葉が出てこない／うまく書けない」「書きたいことがない／何を書けばいいのか分からない」「文章の組み立て方が分からない」「文と文とをうまくつなげられない」「書き出しが分からない」「最後のまとめ方が分からない」「文字を書くことが面倒だ」の 8 項目である。

(3)「比較的書きやすいのはどんなものですか」という質問項目について、複数回答可として回答を求めた。選択肢は、「自由な作文」「自分だけが読む日記」「ブログや SNS への投稿」「親しい人への手紙」「日誌などの記録文」の 5 項目である。

(4)「これまでに、小論文などの『文章表現』に関する授業や指導を受けたことがありますか」という質問項目について、「ある」「ない」の 2 件法で回答を求めた。

(5) (4)で「ある」を選んだ学生に対し、「どこで受けたか次から選んでください」という質問項目を設け、複数回答可として回答を求めた。選択肢は「高校の授業」「塾や予備校の授業」「高校の個別指導」「塾や予備校の個別指導」「家庭教師による個別指導」の 5 項目である。

(6)『文章表現』を受講して、どのようなことができるようになりたい

ですか」という質問項目について、複数回答可として回答を求めた。選択肢は「大学でのレポートが書けるようになりたい」「実習ノートが書けるようになりたい」「就職活動の時の小論文が書けるようになりたい」「社会人としての常識や文章力を身につけたい」「特にない」の5項目である。

(7)「『文章表現』の授業で、具体的に学びたいことは何ですか」という質問項目に対し、複数回答可として回答を求めた。選択肢は、「文章の組み立て方」「読みやすい文章の書き方」「書き出し・まとめの書き方」「手紙の書き方」「敬語の使い方」「漢字」「慣用句」「原稿用紙の使い方」「特にない」の9項目である。

(8)「授業形態について、あなたが望ましいと思うものを次から1つ選んでください」という質問項目について、「講義が主」「講義＋個人演習（問題演習や作業など）」「講義＋グループ演習（問題演習やディスカッションなど）」「個人演習やグループ演習が主」の4件法で回答を求めた。

2.2.4　倫理的配慮

　アンケート回答者には、「研究対象者への説明文書」を配布し、(1) 研究の意義（背景および目的）、(2) 研究対象者に依頼する事項、(3) 個人情報の保護の方法、(4) 研究協力への同意・不同意、及び回答内容による不利益への配慮、(5) 研究実施責任者の氏名・職名・連絡先、について伝達・説明した。そのうえで、趣旨に同意した者にのみ回答を求めた。回収箱を教室の机上に設置し、退室時に提出させた。

2.2.5　検定方法

　文章作成への好悪意識と、高校までに文章指導を受けた経験の有無との関連性については、クロス集計を行い、カイ二乗検定を用いて分析した。有意水準5％（危険率5％未満）をもって有意とした。統計分析は、アンケート用集計ソフトウェアであるQA-Navi2（有料版）を用いた。

2.3　どんな結果が得られたか

　［質問項目（1）：文章作成への好悪意識］有効回答者数 806 名のうち、文章を書くことが「好き」と答えた学生は 6.1%（49 名）、「どちらかといえば好き」と答えた学生は 28.2%（227 名）、「どちらかといえば嫌い」と答えた学生は 45.9%（370 名）、「嫌い」と答えた学生は 19.9%（160 名）であった（［図 2-1］）。また、学部別に見ると、医療福祉学部（有効回答者数 281 名）では、「好き」が 7.8%（22 名）、「どちらかといえば好き」が 32.0%（90 名）、「どちらかといえば嫌い」が 44.1%（124 名）、「嫌い」が 16.0%（45 名）である。医療技術学部（有効回答者数 385 名）では、「好き」が 5.2%（20 名）、「どちらかといえば好き」が 28.3%（109 名）、「どちらかといえば嫌い」が 44.4%（171 名）、「嫌い」が 22.1%（85 名）である。医療福祉マネジメント学部（有効回答者数 140 名）では、「好き」が 5.0%（7 名）、「どちらかといえば好き」が 20.0%（28 名）、「どちらかといえば嫌い」が 53.6%（75 名）、「嫌い」が 21.4%（30 名）である。「好き」「どちらかといえば好き」を合計した割合を比較すると、最もパーセンテージが高かった医療福祉学部（39.9%）と最も低かった医療福祉マネジメント学部（25.0%）では、14.9 の差があった。

　［質問項目（2）：文章作成が「どちらかといえば嫌い」「嫌い」と感じる理由］（1）で「どちらかといえば嫌い」「嫌い」を選択した回答者 530 名のうち、

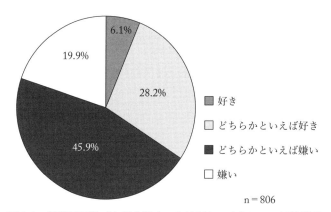

　　　　　　　　　　　　　　　　　　　　　　　n＝806

図 2-1　質問項目⑴「文章を書くことは好きですか」への回答結果

「書きたいことがない／何を書けばいいのか分からない」を選択した学生が
413名(77.9%)、「書きたいことはあるが、適切な言葉が出てこない／うまく
書けない」が265名(50.0%)、「文章の組み立て方が分からない」が240名
(45.3%)、「書き出しが分からない」が218名(41.1%)、「最後のまとめ方が
分からない」が161名(30.4%)、「文と文とをうまくつなげられない」が141
名(26.6%)、「文字を書くことが面倒だ」が116名(21.9%)、「課題に興味が
わかない」が84名(15.8%)であった([図2-2])。

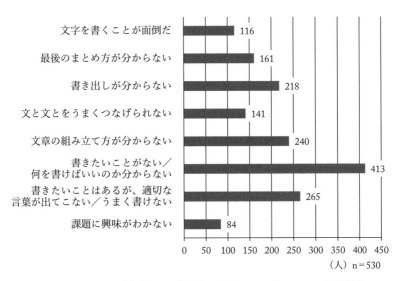

図2-2　質問項目⑵「その理由を次から選んで下さい」への回答結果
質問項目⑴で「どちらかというと嫌い」「嫌い」を選んだ学生に対して。複数回答可。

　[質問項目(3)：比較的書きやすいと感じる文章ジャンル]有効回答者数
798名のうち、「親しい人への手紙」を選択した学生が590名(73.9%)、「自
分だけが読む日記」が321名(40.2%)、「ブログやSNSへの投稿」が297名
(37.2%)、「自由な作文」が263名(33.0%)、「日誌などの記録文」が147名
(18.4%)であった([図2-3])。
　[質問項目(4)：高校までに文章作成に関する指導を受けた経験の有無]有
効回答者数804名のうち、「ある」を選択した学生が80.0%(643名)、「ない」

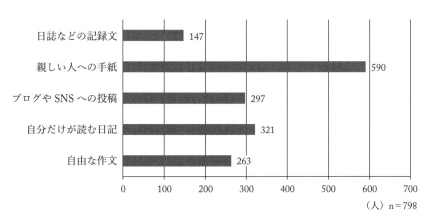

図 2-3　質問項目⑶「比較的書きやすいのはどんなものですか」への回答結果
複数回答可。

が 20.0%（161 名）であった（［図 2-4］）。学部別に見ると、医療福祉学部（有効回答者数 281 名）では、「ある」が 82.9%（233 名）、「ない」が 17.1%（48 名）、医療技術学部（有効回答者数 385 名）では、「ある」が 80.8%（311 名）、「ない」が 19.2%（74 名）、医療福祉マネジメント学部（有効回答者数 138 名）では、「ある」が 73.9%（102 名）、「ない」が 26.1%（36 名）である。

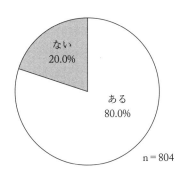

図 2-4　質問項目⑷「これまでに、小論文などの『文章表現』に関する授業や指導を受けたことがありますか」への回答結果

［質問項目⑸：文章作成に関する指導を受けた場所］⑷で「ある」を選択した回答者 643 名のうち、「高校の授業」を選択した学生が 466 名（72.1%）、「高校の個別指導」が 205 名（31.7%）、「塾や予備校の授業」が 37 名（5.7%）、

「塾や予備校の個別指導」が 23 名（3.6%）、「家庭教師による個別指導」が 3 名（0.5%）であった（[図 2-5]）。

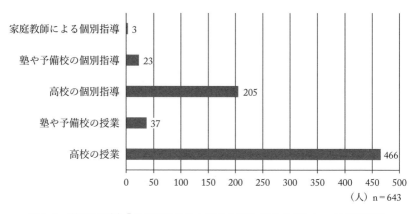

図 2-5　質問項目⑸「どこで受けたか次から選んでください」への回答結果
質問項目⑷で「ある」と答えた人に対して。複数回答可。

［質問項目（6）：「文章表現」を通して身につけたいこと］有効回答者数 801 名のうち、「大学でのレポートが書けるようになりたい」を選択した学生が 627 名（78.3%）、「社会人としての常識や文章力を身につけたい」が

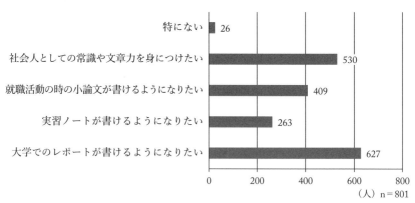

図 2-6　質問項目⑹「『文章表現』を受講して、どのようなことができるようになりたいですか」への回答結果
複数回答可。

530 名（66.2%）、「就職活動の時の小論文が書けるようになりたい」が 409 名（51.1%）、「実習ノートが書けるようになりたい」が 263 名（32.8%）、「特にない」が 26 名（3.2%）であった（［図 2-6］）。

　［質問項目（7）：「文章表現」を受講して具体的に学びたいこと］有効回答者数 808 名のうち、「手紙の書き方」を選択した学生が 635 名（78.6%）、「文章の組み立て方」が 569 名（70.4%）、「書き出し・まとめの書き方」が 479 名（59.3%）、「読みやすい文章の書き方」が 463 名（57.3%）、「敬語の使い方」が 282 名（34.9%）、「漢字」が 172 名（21.3%）、「慣用句」が 165 名（20.4%）、「原稿用紙の使い方」が 102 名（12.6%）、「特にない」が 13 名（1.6%）であった（［図 2-7］）。

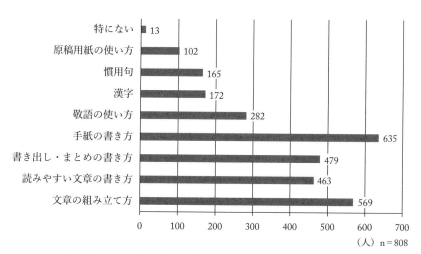

図 2-7　質問項目⑺「『文章表現』の授業で具体的に学びたいことは何ですか」への回答結果
複数回答可。

　［質問項目（8）：望ましいと思う授業形態］有効回答者数 791 名のうち、「講義＋個人演習（問題演習や作業など）」を選択した学生が 42.1%（333 名）、「講義が主」が 29.8%（236 名）、「講義＋グループ演習（問題演習やディスカッションなど）」が 22.5%（178 名）、「個人演習やグループ演習が主」が 5.6%（44 名）であった（［図 2-8］）。

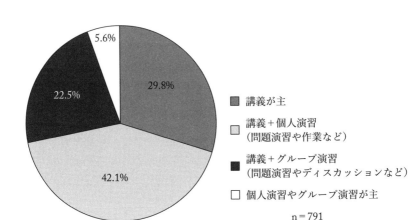

n＝791

図 2-8　質問項目⑻「授業形態について、あなたが望ましいと思うものを次から１つ選んでください」への回答結果

　［文章作成への好悪意識と、高校までに文章作成に関する指導を受けた経験の有無との関連性］文章作成への好悪意識（質問項目（1））と、高校までに文章作成に関する指導を受けた経験の有無（質問項目（4））とのクロス集計を行った。指導を受けた経験が「ある」と答えた者のうち、36.7％（236 名）は文章を書くことが「好き」「どちらかといえば好き」と答えている。一方、「ない」と答えた者のうち文章を書くことが「好き」「どちらかといえば好

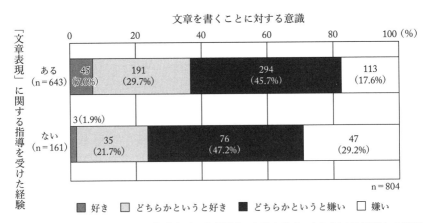

n＝804

図 2-9　「文章表現」に関する指導を受けた経験と、文章を書くことに対する意識との関係

き」と答えたのは 23.6%（38 名）である（［図 2-9］）。指導を受けた経験の有
無による比較・検定の結果は、0.1% 水準で有意であった（$\chi^2(3)$ =17.39、$p <$
.001）。残差分析の結果、指導を受けた経験のある者のほうが、「好き」「ど
ちらかといえば好き」と答えた割合が高く、反対に、指導を受けた経験がな
い者は、「どちらかといえば嫌い」「嫌い」と答えた割合が高かった。

2.4　結果から見える課題、それを踏まえた実践

2.4.1　文章作成への学生の意識

　質問項目（1）の結果より、学生の約 66% が、文章を書くことについて「嫌
い」「どちらかといえば嫌い」と感じていることがわかった。学部別の集計
では、全体の結果に比べ、医療福祉学部で文章作成への苦手意識がやや低
いことがわかる。また、医療福祉学部と医療福祉マネジメント学部で 14.9%
の開きがあり、学部によって文章作成に対する意識の差が認められる。な
お、国立の総合大学 3 大学の初年次生 1,018 名を対象として、入学直後の 4
〜6 月に行われた渡辺（2010）による意識調査では、「私は書くことが苦手だ」
について「どちらかといえばそう思う」「そう思う」と回答した学生が、大
学ごとに 61%・54%・49% となっている。文章を書くことへの嫌悪・苦手意
識は、対象大学のほうが強い傾向にあると言える。
　「嫌い」「どちらかといえば嫌い」を選択した理由については、質問項目（2）
の結果より、「書きたいことがない／何を書けばいいのか分からない」を選
択した学生が、回答者全体の 77.9% と最も多かった。次いで多かった「書
きたいことはあるが、適切な言葉が出てこない／うまく書けない」が 50.0%
であり、30% 近くの差があることから、学生が文章作成を「嫌い」と感じ
る背景には、「書く」という行為そのものよりも、「書く内容」にまず躓きが
あることがわかる。渡辺（2010）において、レポートや小論文を書く場合に
苦労する（大きな労力や時間を費やす、心理的な抵抗や負担を感じる）ステッ
プについて調査した結果によれば、「書き始めるまで」および「書き始める」
段階で苦労すると答えた人が、約 6 割に上ったという。近田（2013）が同一

項目について行った調査でも、76.6%（95 人）が「書き始めるまで」および「書き始める」段階で苦労すると答えたという報告がなされている。

　また、書く内容以外では、文章の構成を考えることへの苦手意識が見て取れた。「嫌い」を選択した理由で 3・4 番目に多かったのが、「文章の組み立て方が分からない」（45.3%）「書き出しが分からない」（41.1%）である。文章の組み立てについては、質問項目(7)『『文章表現』の授業で具体的に学びたいことは何ですか」において二番目に回答が多かった（70.4%）選択肢でもある。たとえ書きたいことがあっても、それをどのような順序で書くか組み立てないまま書き始めたり、組み立てることに不慣れであったりすれば、書いている途中で頓挫しかねない。「途中で何を書いているか分からなくなる」「書き出しやまとめ方が分からない」という声は普段の授業内でもよく耳にするが、それもまた、事前に組み立てを十分に考えて書き出さないことによって生じる行き詰まりであろう。前掲した渡辺（2010）の調査では、執筆段階での主訴として、「途中で止まる、規定の文字数に達しない」「何を書いていいかわからない、書くことがない」というコメントが挙がったとある。調査対象となった大学の偏差値や学部の違いは考慮すべきであるが、大学初年次生の大まかな傾向として、書く内容を熟考・整理しないまま書き始めることによって行き詰まるという経験により、文章を書くことを「嫌い」と認識してしまう実態がうかがえる。

2.4.2　学生の意識に基づく指導

　こうした実態に基づき、授業内では、小論文やレポートの基本的な"型"を示し、まずはその型に当てはめるところから始めるよう指導した。具体的には、レポートの場合であれば「序論」「本論①（実態調査）」「本論②（本論①に基づいた問題提起と考察）」「結論」の 4 部構成を示し、項目ごとに必要な内容を整理することを課した。

　また、「途中で何を書いているか分からなくなる」という躓きを回避するため、文章はパラグラフごとに作り、後でつなぐよう指導した。その一方で、常に全体を俯瞰し、どの部分を執筆しているかを意識させるため、レ

ポートの全体像が見えるような下書き用のワークシートを用意した。

　その結果、大半の学生が 800 字〜 1,200 字程度の筋道の通った文章を作成することができた。学生からも、「項目ごとに分けることによって、書きやすくなった」「型を事前に教わることで、完成形のイメージが湧いた」という感想が得られた。

　前掲渡辺（2010）では、「構想にあまり労力をかけずに書き始め、やがて行き詰まり、推敲に至るよりも前の段階で文字数の増加（文章の引き伸ばし）に腐心するという『苦手』者たちの姿が想像される」としたうえで、「以上の分析結果から得られる実践的な示唆は、『苦手』者たちに構想の大切さを説き、構想のしかたを指導する必要性だろう。（中略）書き始める前に十分に書く材料を揃えて適切に配置すること、すなわち構想を練ることをこそ、まずは強調すべきだろう」と指摘されている。

　文章を書くための基本的なステップとして、書くべき内容と構成を考えるという事前準備をより入念に行うよう指導すれば、文章を書くことに対する嫌悪感や負担感を幾らかは払拭できると期待される。

2.4.3　文章作成に関する指導を受けた経験と好悪意識の相関

　質問項目（4）の結果によると、高校までに文章表現に関する授業や指導を受けたことがある学生は 8 割に上った。質問項目（5）で、どこで指導を受けたかを問うたところ、「高校の授業」「高校の個別指導」がほとんどであり、「塾や予備校の授業」は全回答者数の 5.7%、「塾や予備校の個別指導」は3.6%、「家庭教師による個別指導」は 0.5% にとどまった。高校において文章指導を受けた経験をもつ学生が多いのは、大学入試で小論文が課されることに伴い、小論文指導を授業内に組み込む高校や、個別指導で対応している高校が大半であるからだろう（長岡 2011）。

　文章作成への好悪意識と、高校までに指導を受けた経験の有無との関連性を調べた結果（［図 2-9］）に基づけば、指導を受けた経験のある者は、ない者に比べ、文章作成が「好き」「どちらかといえば好き」と答えた比率が高い。指導を受けたことで、「書ける」「書けた」という成功体験が重ねられ、意欲

向上に繋がったとまずは推測される。あるいは、成功体験とまではいかずと
も、授業や指導を通じて文章作成に取り組む機会が増えたことで、「書くこ
と」そのものに対する不慣れ感が軽減されたとも考えられる。

　ただ、それでもなお、指導を受けたと答えた学生の 6 割以上が、書くこ
とへの苦手意識をもっている。授業のコメントペーパーでは、「高校のころ
から散々小論文の指導を受けてきましたが、やはり文章を書くことは苦手で
す」という主旨の感想も散見された。大学における専門的な文章指導がか
えって、元からもっていた苦手意識に、さらに苦手意識を上乗せしてしまう
という危険性も否めない。

　よって、「書けるようになる」にはまず、「書く」（「読む」も含む）という
営為に慣れ、抵抗感をなくすことが必要だろう。そのためには、最初から長
文作成を目標とするのではなく、ゲーム感覚で取り組める短文作成のワーク
など、平易な課題を導入として取り入れるのも有効である。

　加えて、書く以前の準備として、レポートの「型」や、最低限必要なルー
ルをまず習得させることが肝要であると考える。レポートの書き方について
は高校では学ぶことが少なく、大学入学後、「レポートとは何か」「何をどの
ように書けばよいのか」「感想文とは何が違うのか」について戸惑う学生は
多いという（椎名・湯浅 2015）。渡辺・島田（2017）は、高校の教科書にはレ
ポートの教示があるものの、高校と大学とで教わるレポートの定義が異なる
ために、学生の困惑の一因となっているのではないかと指摘している。たと
え文章作成そのものが苦手でなくとも、今まで書いたことのないジャンルの
文章を書くにあたっては、抵抗感が生じるのは当然である。文章を書くこと
が「苦手」と感じるその原因は、単に経験が不足しているだけということも
あり得る。

2.4.4　協働学修としてのライティング

　2012 年の中央教育審議会答申「新たな未来を築くための大学教育の質的
転換に向けて」において、従来の知識注入型授業から、「問題解決型の能動
的学修（アクティブ・ラーニング）への転換」が求められたことを契機とし

て、現在大学において、グループワークやディスカッションなどを中心とした学修形態が推奨されている（中央教育審議会 2012）。文章表現系授業においても、他者との協働による「学び合い」「教え合い」が一定の効果をもたらす学修方法の一つであることは首肯されよう。

　しかし、学生の意識としては、講義形式や個人演習を好ましく思う割合が依然として高いと言える。質問項目（8）の結果によれば、望ましい授業形態として「講義＋個人演習（問題演習や作業など）」を選択した学生が 42.1％、「講義が主」が 29.8％ で、併せて 7 割を超えた。ベネッセ教育研究開発センターの 2012 年の調査では、演習型授業より、講義型授業が好ましいと回答した大学生が 8 割を超えていたという（ベネッセ教育研究開発センター 2013）。また、近田・杉野（2015）の神戸大学での調査によれば、大学教育における学修形態に上記のような潮流があるにもかかわらず、「アクティブ・ラーニング型授業」が必ずしも学生に肯定的に受け入れられているわけではない実態が明らかにされている。その理由として上位に上がっているのが、人と話すことが「苦手」「恥ずかしい」などコミュニケーション上の問題と、「疲れる」「面倒くさい」などの意欲上の問題であった。本章の調査において、好ましい授業形態として、「講義」と「講義＋個人演習」に回答が集中したのも、おそらくこれらの理由が背景にあるのだろう。

　とはいえ、「文章表現」という科目の性質上、実際に手を動かして文章を作成したり、他者の文章を読んで批評したり、他者と意見交換をして思考を深めたりするプロセスは不可欠である。殊に将来医療福祉職に就く学生にとっては、起こった事実や自分の考えを正確に伝える（口頭でも文章でも）技術はもちろんのこと、他者と対話・協働する姿勢を身につけることは、殊のほか重要である。学修者に負担感を抱かせず、グループ学修や協働学修を効果的に行うためには、クラスの雰囲気や、学修者の適性などに対する細やかな配慮が必要であることは当然であるが、同時に、他者と意見交換をしたり、自分の書いた文章に対して他者からコメントを受けたりする相互行為が、結果的に文章力の向上につながるということを、より積極的に説くことも肝要であると考える。

　実践としては、小論文やレポートの下書きをパーツごと（序論・本論前半部・本論後半部・結論）に作成し、その都度グループで「読み合い」を実施した。これは、他者の目に触れることを意識して文章を書く習慣を身につけるとともに、他者の文章を読むことによって、自己の文章を相対化することをねらいとしたものである。普段、学生が授業内で書く感想文やコメントは、基本的に書き手である学生本人と教員だけが読む。そのため、文章とは元来、不特定多数の目に触れることを想定して書くもの（＝読み手を意識して書くもの）であるという認識が必ずしも備わっていない。自分の文章が他者——なかんずく同じ教室で学ぶ同年代の仲間——の目に触れるとなると、書く際の緊張感や意識に多少なりとも変化があるのではないかと考え、上記のような「読み合い」を試みた。回を重ねるうちに、最初は難色を示していた学生も「他者に読まれる」ことに幾分か慣れてきた様子であり、他者の文章を読むことの新鮮さも加わって、回し読みの習慣が定着した。対象大学では実践できなかったが、次の段階としてピアレビューに持ち込めれば、より効果的な協働学修が期待できるところである。

2.5　目下の課題は、否定的な意識の払拭

　大学生活においては、各科目で課されるレポートや実習報告書など、まとまった文章を書く機会は少なからずある。また就職活動では、エントリーシートや志望理由書、小論文などを書かなければならない。そして何より、実際に医療福祉の現場で働くにあたっては、記録や申し送り、報告書やメールの作成など、否応なく文章を書く機会に直面することになる。当該大学における「文章表現」必修化の目的も、そういったさまざまな「書く」場面において、学生が躓くことなく文章作成に取り組めるよう後押しするためであった。

　よって、ライティング指導における目下の課題は、文章を書くことに対する否定的な意識を、授業を通していかに払拭するかであると考える。「書けた」という成功体験を一度でも多く経験し、それに伴う達成感を味わうこと

は、「書く」ことへの嫌悪感・負担感の軽減につながるであろう。「書く」以前の準備・構成段階に重点を置く指導と、有効な協働学修方法の模索に、現任校でも継続して取り組んでいきたい。

謝辞

本調査で用いたアンケート用紙は、調査実施当時ご在職であった内藤康裕先生と共同で作成したものである。アンケート調査の実施にあたっては、授業担当の内藤先生、橋本美香先生（川崎医科大学准教授）にご協力を賜った。記して感謝申し上げる。また、本研究のアンケート調査の回答者としてご協力くださった学生の皆様にも御礼申し上げる。

引用・参考文献

近田政博・杉野竜美（2015）「アクティブラーニング型授業に対する大学生の認識―神戸大学での調査結果から」『大学教育研究』23: pp. 1–19.　神戸大学教育推進機構

近田政博（2013）「『学術論文の書き方入門』の授業実践―文章作成に対する学生の苦手意識は軽減できるか」『名古屋高等教育研究』13: pp. 103–122. 名古屋大学高等研究教育センター

長岡裕子（2011）「小論文指導の制度的確立に向けて―『高校教養科』設立の提唱」『国語教育思想研究』3: pp. 29–38.　国語教育思想研究会

椎名渉子・湯浅千映子（2015）「神奈川大学初年次必修科目『文章表現法』指導の方向性―文章表現に関する意識調査から」『神奈川大学国際経営論集』49: pp. 129–140. 神奈川大学経営学部『国際経営論集』編集委員会

渡辺哲司・島田康行（2017）『ライティングの高大接続―高校・大学で「書くこと」を教える人たちへ』ひつじ書房

渡辺哲司（2010）『「書くのが苦手」をみきわめる―大学新入生の文章表現力向上をめざして』学術出版会

ベネッセ教育研究開発センター（2013）『第 2 回大学生の学習・生活実態調査報告書

［2012 年］』第 3 章第 1 節

<https://berd.benesse.jp/koutou/research/detail1.php?id=3159> 2020.3.3

中央教育審議会（2012）「新たな未来を築くための大学教育の質的転換に向けて―生
涯学び続け、主体的に考える力を育成する大学へ（答申）」

<https://www.mext.go.jp/b_menu/shingi/chukyo/chukyo0/toushin/1325047.
htm> 2020.3.3

参考資料　アンケートの質問文

1.　文章を書くことは好きですか。
①好き　②どちらかといえば好き　③どちらかといえば嫌い　④嫌い

2.　1で「どちらかといえば嫌い」「嫌い」を選んだ人は、その理由を次から選んでください。（複数回答可）
①課題に興味がわかない　②書きたいことはあるが、適切な言葉が出てこない／うまく書けない　③書きたいことがない／何を書けばいいのか分からない　④文章の組み立て方が分からない　⑤文と文とをうまくつなげられない　⑥書き出しが分からない　⑦最後のまとめ方が分からない　⑧文字を書くことが面倒だ

3.　比較的書きやすいのはどんなものですか。（複数回答可）
①自由な作文　②自分だけが読む日記　③ブログやSNSへの投稿　④親しい人への手紙　⑤日誌などの記録文

4.　これまでに、小論文などの「文章表現」に関する授業や指導を受けたことがありますか。
①ある　②ない

5.　4で「ある」と答えた人は、どこで受けたか次から選んでください。（複数回答可）
①高校の授業　②塾や予備校の授業　③高校の個別指導　④塾や予備校の個別指導　⑤家庭教師による個別指導

6.「文章表現」を受講して、どのようなことができるようになりたいですか。（複数回答可）
①大学でのレポートが書けるようになりたい　②実習ノートが書けるようになりたい　③就職活動の時の小論文が書けるようになりたい　④社会人としての常識や文章力を身につけたい　⑤特にない

7.「文章表現」の授業で、具体的に学びたいことは何ですか。（複数回答可）
①文章の組み立て方　②読みやすい文章の書き方　③書き出し・まとめの書き方　④手紙の書き方　⑤敬語の使い方　⑥漢字　⑦慣用句　⑧原稿用紙の使い方　⑨

特にない

8. 授業形態について、あなたが望ましいと思うものを次から1つ選んでください。
①講義が主　②講義＋個人演習（問題演習や作業など）　③講義＋グループ演習（問題演習やディスカッションなど）　④個人演習やグループ演習が主

第3章 大阪大学が進めるアカデミック・ライティング高大接続

3.1 大学初年次生のライティング既習状況を探る

堀一成・坂尻彰宏

　ここでは、大阪大学の学部初年次生を対象とした全学アンケートによるライティング能力調査の概要と結果、結果に基づく考察を紹介する。(大阪大学に限らず)日本全国の多くの大学では、学部初年次生の日本語アカデミック・ライティングについて、大学教員が(勝手に)抱く希望と、現に初年次生の保持している能力との乖離が、困難な状況を引き起こしている。その状況をできるだけ改善したいという思いが、筆者らの活動を支える動機となっている。

3.1.1 そもそもの疑問

　はたして多くの大学の学部初年次生は、入学早々に与えられるレポート課題を独力でこなす能力をもって入学しているのであろうか。いくつかの大学の初年次共通教育科目のシラバスを調査した結果、入学後比較的早期の段階で課されるレポートとして典型的な分量は 2,000 字〜 3,000 字、作業期間は 1 週間から 1 か月というものであった。

　入学試験に記述式問題を出題すれば、受験生の書く能力をある程度測定できるが、大学で要求されるアカデミック・ライティングの能力を保有しているかどうかまではチェックできない。なぜなら、入試の記述式問題は、まとまった分量の文章を(試験時間中などのように短くはない)一定の期間中に、資料探索や実験を行いながら仕上げていく能力を測る機能をもっていないからだ。

　上記の疑問については、本書の前作である『ライティングの高大接続』(渡

辺・島田 2017) の中でもいくつかの調査や考察がなされている。しかし、調査の対象が高校教科書の内容 (生徒が身につけていることではなく、学ぶ予定のこと) であったり、いくつかの大学の一部の学生に限られていたりする点に限界があったと言わざるを得ない。

　そこで筆者らは、初年次生のアカデミック・ライティングの能力を把握するために、大阪大学の全学部の初年次生 (約 3,500 名) を対象とした入学時アンケートを利用する (その中に必要な項目を加えて調査する) ことにした。この 3.1 で紹介する結果が、続く 3.2 で紹介する高大接続ライティング教育活動の内容や、関連した提言にも繋がっていく。

3.1.2　大阪大学「入学時アンケート」
3.1.2.1　概要

　ここでは、大阪大学での調査結果 (吉本・和嶋・坂尻・堀 2020) を根拠情報とし、大学学部初年次生が、入学時にどのようなライティングスキルを習得しているのかを、議論する。

　最初に重要な注意点を一つ挙げておくと――以下に述べる、学部初年次生のスキル習得状況分析の基礎データとしている「入学時アンケート」は、各学生の自己申告による評価値を入力してもらう形式となっているため、そのデータを基にした分析はあくまで学生自身の主観に基づくものである。すなわち、各学生の客観的な能力値に基づくものとはなっていないことに注意が必要である。

　大阪大学では、高等教育・入試研究開発センターが中心となってさまざまな学生調査を行っており、その中で、学部初年次生全員に対して入学年次の 4 月時点において行っているのが「入学時アンケート」である。このアンケートは、2015 年度より実施している。その調査方法は、2015 年度から 2018 年度までは、質問紙により実施し、2019 年度からは Web 実施としている。このアンケートは、入学者の追跡調査の起点となるものであり、あわせて在学中に実施されている「研究大学に特化した学生調査」(SERU: Student Experience Survey in Research University) や卒業時調査などと共に、教育内部

質保証や学生募集法・大学広報活動の有効性の検証に用いられている。［表3.1-1］は、アンケートの回答数や回収率など実施状況に関する数値データである。

表 3.1-1　大阪大学入学時アンケート実施状況

	実施時期	有効回答数（対象者数）	有効回答率
2015 年度	2015.4	2,899（3,411）	84.99%
2016 年度	2016.3–4	3,246（3,529）	91.98%
2017 年度	2017.3–4	3,186（3,438）	92.67%
2018 年度	2018.3–4	2,985（3,473）	85.95%
2019 年度	2019.3–5	2,153（3,426）	62.84%

和嶋雄一郎氏作成資料

　アンケートの項目は、入学時の満足度や併願大学の確認、卒業後の進路希望など 17 の大問で構成されている。以下では、それらの項目のうち、学生の書く能力の自己評価に関する項目(問 14、15)に限って議論する。

3.1.2.2　汎用的能力の自己評価

　「入学時アンケート」の問 14 は、大学入学時においてさまざまな汎用的能力をどの程度保持していると自己評価しているかを、各学生に質問する内容となっている。この汎用的能力は、大阪大学の教育目標で掲げられている能力と、前記「研究大学に特化した学生調査」(SERU) で掲げられている能力から選んでいる。「1. ほとんどない」から「6. 優れている」の 6 件法で回答する形式となっている。［図 3.1-1］は質問項目の詳細である。

問14. 現在のあなたは、以下の各能力がどの程度身についていると思いますか。次の「1: ほとんどない ～ 6: 優れている」の6段階でもっともあてはまると思う数字に〇をつけてください。	ほとんどない					優れている
(1)　分析的・批判的思考力（クリティカルシンキング）	1	2	3	4	5	6
(2)　学術的な教材を読み、理解する能力	1	2	3	4	5	6
(3)　外国語能力	1	2	3	4	5	6
(4)　明瞭かつ効果的に書く能力	1	2	3	4	5	6
(5)　明瞭かつ効果的に話す能力	1	2	3	4	5	6
(6)　国際的視点で理解する能力（政治・経済・社会・文化）	1	2	3	4	5	6
(7)　リーダーシップ	1	2	3	4	5	6
(8)　プレゼンテーション能力	1	2	3	4	5	6
(9)　コミュニケーション能力	1	2	3	4	5	6
(10)　文化的、国際的な多様性を正しく認識する能力	1	2	3	4	5	6
(11)　問題を発見することができる能力	1	2	3	4	5	6
(12)　自由に発想することができる能力	1	2	3	4	5	6
(13)　解決の道筋を立てることができる能力	1	2	3	4	5	6

上記の1～13の項目の中で、大阪大学で特に伸ばしたいと思う項目を3つ選んで、該当する番号をカッコ内に記入してください。

1. 最も伸ばしたい能力（　）2. 2番目に伸ばしたい能力（　）3. 3番目に伸ばしたい能力（　）

図 3.1-1　大阪大学入学時アンケート問 14 の内容

3.1.2.3　「探究学習」と「ライティング経験」

　「入学時アンケート」の問 15 は、大学入学までの「探究学習の経験」とその探究学習時の「ライティング活動／学習の経験」を問うものとなっている。この項目の狙いは、入学試験では測ることが難しい入学時の各学生の既習スキルと高校までの学習経験と到達度の自己評価情報の獲得である。この項目は 2017 年度調査時点より新設した項目で、2015 年度、2016 年度のデータは無い。［図 3.1-2］は問 15 の質問項目の詳細である。

　問 15 の全体は、探究学習の経験およびその際のライティング活動経験の有無から始め、ライティング活動経験がある者に対してその具体的内容を質問する構造になっている。この問 15 において注意すべき点は、問 15_3 以降の回答者は、問 15_2 で「はい」と回答した者に限られていることである。分析に際し、回答割合が、入学者全員に対するものではないという制限を考

問 15_1. あなたの高校での、探究型学習の経験についてお聞きします。実験や調査などの探究学習を行ったことはありますか？
　　1．はい　　　　　　　2．いいえ

問 15_2. あなたの高校での、探究型学習の経験についてお聞きします。小論文以外で、実験や調査をもとに文章をまとめたことがありますか？
　　1．はい（→**問 15_3**、**問 15_4** へお進みください）　2．いいえ（→**問 16** へお進みください）

問 15_3.（**問 15_2.** で「はい」と回答した方にお聞きします。）それはどのようなものでしたか。あてはまるものすべてに○をつけてください。
　　1．A4 で 1 ページ（1,000 字程度）以内のレポート
　　2．A4 で 2 ページ（2,000 字程度）以上のレポート
　　3．プレゼンテーションやポスターなどの発表用の資料
　　4．その他
　　（　　　　　　　　　　　　　　　　　　　　　　　　　　　　　　　　）

問 15_4.（**問 15_2.** で「はい」と回答した方にお聞きします。）その際に、文章の書き方について、指導を受けましたか？
　　1．はい（→**問 15_5** へお進みください）　2．いいえ（→**問 16** へお進みください）

問 15_5.（**問 15_4.** で「はい」と回答した方にお聞きします。）それはどのようなものでしたか。あてはまるものすべてに○をつけてください。
　　1．「序論・本論・結論」の構成について
　　2．一つの段落を一つの事だけを説明する文章の単位として作る書き方
　　3．意見や主張に客観的な証拠をつける必要性
　　4．執筆前にアウトライン（文章の骨組み）を作る技法
　　5．自分の意見と他人の意見とをはっきりと分けて他人のものにはその出所を明記する方法
　　6．統一した形式で情報源を表記する方法
　　7．その他
　　（　　　　　　　　　　　　　　　　　　　　　　　　　　　　　　　　）

図 3.1-2　大阪大学入学時アンケート問 15 の内容

慮する必要がある。なお、問 15_1 で「はい」と回答した探究学習の経験者が、回答者全体に占める割合は、2017 年度は 63.5%、2018 年度は 63.4%、2019 年度は 64.0%（無回答を除外した割合）であった。

3.1.3　アンケート結果の分析とわかったこと
3.1.3.1　「書く能力」の自己評価の経年変化

　汎用的能力をどの程度保持していると自己評価しているかについての質問項目である問 14 の「(4) 明瞭かつ効果的に書く能力」への回答に、2015 年度から 2019 年度の 5 年間で変化が見られるのかを分析した。この分析は、この期間中における高校の教育課程の更新に伴い、ライティングスキル教育

の変化が起きたか、書く能力の自己評価への影響が起きているかを扱うことでもある。分析にあたっては、「明瞭かつ効果的に書く能力」の回答結果を「1. ほとんどない」＝ 1、「6. 優れている」＝ 6 のように数値化し、その平均値を年度別に算出した。

　入学時点での「明瞭かつ効果的に書く能力」の自己評価については、その平均値が 2015 年度から 2018 年度にかけて徐々に増加しており（それぞれの年度の平均値は、2.93, 3.28, 3.40, 3.45）、2019 年度の平均値（3.43）は 2018 年度と同等であった。

　これら年度ごとの平均値には、有意な経年変化が認められた。まず、それぞれの年度の平均値について、年度を要因とする 1 要因分散分析を行なった。分析の結果、年度の要因について有意な差が見られた（$F(4, 14168) = 99.26, p < .001$）。次に、多重比較を行なったところ、2015 年度の平均値に対してすべての年度に有意な差が見られた。また、2016 年度に対しても、すべての年度に対して有意な差が見られた（すべて $p < .001$）。この結果から、入学者の「書く能力」の自己評価について、2015 年度入学者より 2016 年度入学者の平均値が高いこと、加えて、2017 年度から 2019 年度に入学した学生は 2015 年度と 2016 年度に入学した学生よりも平均値が高いことが明らかになった。

　この結果と、入学者が受けてきたライティングに関わる教育の動向とを関連づけて考えることは可能である。2015 年度平均値に対し 2016 年度以降すべての年度の平均値に有意な差が見られた。この有意な差は、「言語活動の充実」を掲げた高等学校学習指導要領（2008 年告示）のもとで学んだ学生が 2016 年 4 月より大学に入学し始めた変化により、2015 年度までの入学者と 2016 年度以降の入学者に学習経験の差の存在を示している可能性が高い。また、2016 年度までの平均値に対し 2017 年度以降のすべての年度の平均値にも有意な差が見られた。大阪大学では、2017 年度入学者から AO・推薦入試を全学的に導入し、志願者に志望理由書・研究活動報告書などのライティング成果物の提出を求めるよう入試制度を変更しているので、この有意な差は 2017 年度以降の入試制度の変更と関連づけられる可能性が高い。

3.1.3.2　探究学習における書く経験の内容

問 15_2 への回答を見ると、探求学習で「小論文以外で実験や調査をもとに文章をまとめたことがありますか？」との質問に「はい」と回答した割合は、2017 年度は 45.0%、2018 年度は 46.6%、2019 年度は 40.7% であった（前記のように 2015、2016 年度はこの質問調査はしていない）。

また、問 15_3 で質問した、文章をまとめた経験の具体的内容（どのような文章を作成したか）の回答の分布をグラフ化したものが［図 3.1-3］である。

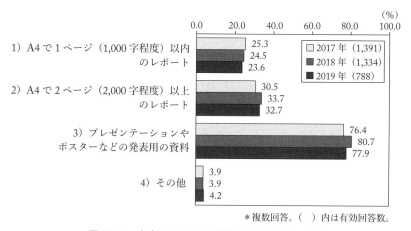

＊複数回答。（　）内は有効回答数。

図 3.1-3　文章をまとめた経験の具体的内容の割合

吉本真代氏作成資料

これらの結果において、まず注目すべきなのは、小論文以外で実験や調査をもとに文章をまとめた経験のある者が、3 つの年度とも半数に満たない割合である点であり、さらには、作成した文章としてはレポートよりも「プレゼンテーションやポスターなどの発表用の資料」のほうが明らかに多いことであろう。前記したように、問 15_3 の割合は、問 15_2 に「はい」と回答した者を対象にしているという限定状況に注意が必要である。つまり、このグラフ中の数値は必ずしも、大阪大学の学部初年次生全体の状況を表しているとは言えない。しかし、［図 3.1-3］の割合の数値からは、高校の探究学習

において、プレゼンテーションやポスター発表などを最終提出物に設定する（プレゼンテーションやポスター発表ができるようになることを最終目標にする）傾向が強く、2,000字を超える相当量のレポート作成は目標とされにくい（たぶん目標にできない）傾向にあることを、読み取ることができる。

3.1.3.3　書いたことのあるレポートの字数と書く能力の自己評価との関係

　ここでは、書いたことのあるレポートの字数別に、書く能力の自己評価に違いがあるかを分析した。すなわち、問15_3の結果に基づき、探究学習の経験者のうち、レポートを、①「A4で2ページ（2,000字程度）以上」書いた群と、②「A4で1ページ（1,000字程度）以内」書いた群、③「探究学習を経験したがレポートを書いていない」群に分ける。そして、問14の（4）項「明瞭かつ効果的に書く能力」の自己評価の平均値を群ごとに比較した。その結果を［表3.1-2］に示す。

表3.1-2　レポート分量別経験と書く能力の自己評価の関係

質問項目（問14）	探究学習の経験あり		
	① A4 2頁 （2,000字）以上	② A4 1頁 （1,000字程度）	③ レポートを 書いていない
（4）明瞭かつ効果的に書く能力	3.79	3.54	3.42

データ数：①は244、②は132、③は864
吉本真代氏作成資料

　平均値の差は①群と②群の間が0.25、②群と③群の間が0.12、①群と③群の間が0.37であり、これらの差が有意であるかを検討するため、3つの「群」を要因とする一要因分散分析を行ったところ、有意差が見られた（$p <$ .001）。さらに、多重比較により各群間の有意差を確認した。有意差が見られたのは①群と③群の間のみであった（$p <$ .001）。

　この結果は、高校までにレポートを書く経験をすることは重要であるが、特に、書く能力の自己評価に肯定的な影響を与えるためには、相当な長さ（例えば2,000字以上）の文章を書く経験が必要であることを示唆している。

3.1.4　結果に基づいた取り組みを

　以上に紹介したアンケート結果から、大学教員として取り組むべき課題が見えてくる。

　まず、アンケート結果に基づき、新入生の実態（彼らがライティングに関して保持している能力や経験）を踏まえた学部初年次教育の計画を立てていくことが必要である。アンケート結果が示唆しているように、大学入学時点でまとまった分量の文章を書く経験をした者はまだ割合が少ない。そのことを前提として、学部初年次教育中のライティング指導内容を設定する必要があると考えられる。

　なお、新入生の実態をより正確にとらえるために、アンケートの改善も必要である。ここで紹介したアンケートの構成は、書く経験の内容を探究学習経験者にのみ問う構成となっており、そのことが回答数減少の原因であった。大阪大学では 2020 年度入学者向けの入学時アンケートから、質問項目の整理を行い、改善を図る予定である。

　次に、入学時アンケートの結果から読み取れる事柄を高校教員と共有し、今後の高大接続活動を議論する際のベースとするべきである。調査により判明したライティング教育の課題は、本来、大学単独で（特に初年次教育期の短い時間で）取り組むべきものではない。それは、高校から大学専門教育期間にかけての長期にわたり、高大接続活動として進行すべきものである。

　では、そのような活動は（大学とその附属高校のように緊密な連携が可能な場合を除いて）どのようにすれば、円滑に実践できるのであろうか。次の3.2 では、そのような実践の参考となる事例を紹介する。

謝辞

　本章 3.1 の内容をまとめるにあたり、まず大阪大学高等教育・入試研究開発センターの教員である、吉本真代、和嶋雄一郎、両氏には多大な支援とデータ解析結果の利用の許可を得た。厚く感謝する次第である。あわせて、大阪大学全学教育

推進機構、教育・学生支援部入試課の皆様にも感謝申し上げる。紹介した調査の実践にあたっては、JSPS科研費 16K01016 および 19H00619 の補助を受け、推進した研究の成果が活用されている。

引用・参考文献

渡辺哲司・島田康行 (2017)『ライティングの高大接続―高校・大学で「書くこと」を教える人たちへ』ひつじ書房

吉本真代・和嶋雄一郎・坂尻彰宏・堀一成 (2020)「大学入学者の高校での『書く』経験は変化しているのか―大阪大学入学時アンケートより探究学習に着目して」『大阪大学高等教育研究』8: pp.13–19. 大阪大学全学教育推進機構

3.2　大学をめざす高校生のライティング力を上げる

堀一成・坂尻彰宏

ここでは、大阪大学が高大接続活動として行った、日本語アカデミック・ライティング教育の事例を紹介するとともに、今後のライティング教育活動が有効なものとなるための提言を行う。活動の前提となるのは、3.1 で紹介した大阪大学の学部初年次生を対象とするライティング能力調査の結果である。その結果から、アカデミック・ライティング教育は、本来、大学単独で取り組むべきものではなく、高大接続活動として進行すべきものである、との考えが得られた。ただ、大学で必要なまとまった分量のアカデミック・ライティングやその指導を、ノウハウや経験のない高校側に一方的に押し付けることはできない。以上の認識に基づき、大学と高校がうまく役割分担するライティング教育活動をわれわれは模索してきた。

3.2.1　ライティングの高大接続をめざす

　よりよい高大接続のために高校教育への働きかけを試みる際には、高校と大学の教員が協力して取り組むことが欠かせない。3.1 で説明したように、2020 年時点における、高校におけるライティング教育は、アンケート結果をもとにする限り、充実したものとは言えない状況である。この状況を少しでも改善するためには、大学と高校の協力（良好な高大接続）が必要である。その際、高校におけるライティング教育に対して何ができるか、高校と大学双方の教員がよく考え取り組む姿勢が肝要である。

　そのような取り組みの一例として、ここでは、大阪大学と、京都府の公立高校である京都府立鳥羽高等学校（以下鳥羽高校と略記する）が協働した取り組み例を紹介する。この事例は、高校の学習期間中にある程度まとまった分量の（学術的な）ライティングをする能力を生徒たちに獲得してもらうには、どのような取り組みが有効かを示唆している。

　まず、大阪大学と鳥羽高校が、共同でライティング教育に取り組むことに
なった経緯を簡単に説明する。

　大阪大学は、高校生に大学における科学研究を早期体験させる SEEDS プ
ログラム（杉山ほか 2019）を、重要な高大接続活動として 2015 年度から推進
している。本稿の筆者の堀も SEEDS プログラムの実施担当教員の一人であ
る。SEEDS プログラムは研究を体験させることが主目的であるが、このプ
ログラムの実践にあたり、高校生のライティング能力を涵養する教育も必要
であるとの認識が、SEEDS プログラム実施担当教員たちに共有された。な
ぜなら、研究成果をアウトプットする際には、大学生に準じたライティン
グ能力が、高校生にもある程度必要になるからだ。ただし、SEEDS プログ
ラムはあくまで高校生の研究体験が主眼であり、このプログラムの中でライ
ティング能力を涵養する教育を行うことには限界があった。

　一方、鳥羽高校は、同じく 2015 年度にスーパーグローバルハイスクール
に採択され、その活動のなかで「総合的な学習の時間」をより有効なものと
するため、大学の支援を必要としていた。とりわけ、課題探究型の授業の成
果をレポートなどの形でアウトプットする際に、高校教員だけの力で指導す
ることは困難だった。

　以上のように、ライティングの高大接続に対する双方のニーズが一致し、
2016 年度より協働してライティング教育に取り組むこととなった。

3.2.2　鳥羽高校の取り組み―高校側でできること
3.2.2.1　特徴の要点（優れた点）

　鳥羽高校の取り組みの特徴の要点は、「イノベーション探究」と称する「総
合的な学習の時間（2019 年度からは総合的な探究の時間）」科目（文部科学省
2019）の運営に工夫があるところである。特に、以下に紹介する 3 点が優れ
た点であると言える。

（1）広く校外に支援を求めた点

　取り組みを成功させるためには、高校単独の努力では、人的資源・活動資

金などのさまざまな面で限界があるが、鳥羽高校の場合、活動資金について
は、文部科学省スーパーグローバルハイスクール（Super Global High School:
SGH）制度の支援を受けている[1]。後述する科目「イノベーション探究」に
おいて、生徒の海外体験や、大学などでの校外体験の費用は SGH 制度など
の資金支援が無いと難しい。

　高校教員が単独で担当することが難しい教育内容（例えば本稿で紹介して
いるアカデミック・ライティングの指導など）については、（大阪大学を含む）
大学・博物館・公立図書館などの支援を要請することにより、実現している。

（2）書くことを中心とする学習の到達目標を明確にしている点

　鳥羽高校の「イノベーション探究」においては、節目となる時期に履修生
徒が何を作成できるようになっていればよいかの目標が定められている。
詳細は後述するが、たとえば、1 年次の終わりにプレゼンテーションスライ
ドの作成と発表、2 年次の終わりに研究ノートと称する日本語レポートの作
成、3 年次の終わりに Research Report と称する英文のエッセイの作成、と
なっている。各学年の到達目標が明確であるため、生徒の学習達成認識が
はっきりし、モチベーション維持に貢献していると言える。また、教員の指
導も計画的に進行できる特徴があると言える。

（3）高校教育の範囲内で無理なく取り組める活動方針を決め進行している点

　高校生が探究学習に割く時間には限りがあり、高校教員の支援活動にも
（本務科目との兼務であることなどから）限りがある。探究学習の理想的実践
を追い求める姿勢は、生徒教員双方にとって過負荷状況を作りだす危険をは
らんでいる。

　鳥羽高校は、そういった状況に合わせて次の 3 つの方針を立て、良好な事
業進行体制を維持している。

　　　○研究の型や作法の習得に内容を限定するという方針。

　　　○個人研究ではなく、グループによるチーム研究を行うという方針。

　　　○高大社連携、すなわち高校・大学のほか社会（博物館、図書館、京都

の中小企業など）が連携に加わった取り組みである点を強調し、生徒
の探究意欲・キャリア意識を向上させる活動になる方向性を強く意識
するという方針。

3.2.2.2　イノベーション探究

　鳥羽高校の、総合的な学習の時間「イノベーション探究」は、1～3年次
にそれぞれ1単位で設置されている科目である。学年ごとにⅠ・Ⅱ・Ⅲの番
号が科目名に付加されている。科目概念図を［図 3.2-1］に示す。学年ごと
の内容を簡単に紹介する。

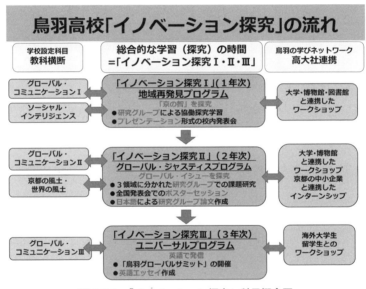

図 3.2-1　「イノベーション探究」科目概念図
京都府立鳥羽高等学校作成資料を引用。

　まず1年次の「イノベーション探究Ⅰ」では「地域再発見プログラム『京
の智』」と題し、遺すべき地域の価値を再発見するための探究活動を行う。
1年次の終わりには20枚程度のパワーポイントスライドをグループで作成
し、7分間の口頭発表を行う。

　次に2年次の「イノベーション探究Ⅱ」では、「グローバル・ジャスティスプログラム」と題し、「イノベーション探究Ⅰ」で再発見した「京の智」を土台に、全地球的な課題（グローバル・イシュー）の解決に向けた仮説をもつための探究活動を行う。2年次の11月ごろに探究の成果をまとめたポスターを作成し、鳥羽高校教員や校外関係者の前で発表する。2年次の終わりにA4用紙で2～3ページ程度の「研究ノート」と題する日本語レポートをグループで作成する。

　そして3年次の「イノベーション探究Ⅲ」では「ユニバーサルプログラム」と題し、「イノベーション探究Ⅱ」で取り組んだ探究の成果を公表する英語エッセイをグループで作成し、グローバル・イシューの解決に向けた提言発表を行う。

3.2.2.3　大学の関与と高校側の運営
　特に、大阪大学との協働で取り組んだ「イノベーション探究Ⅱ」の流れをより詳しく説明する。2年次の終わりの時点で、グループで研究ノートが作成できる状況に到達できるよう、［図3.2-2］のように、2年次の期間中を5つの段階に分け、進行するよう工夫されている。

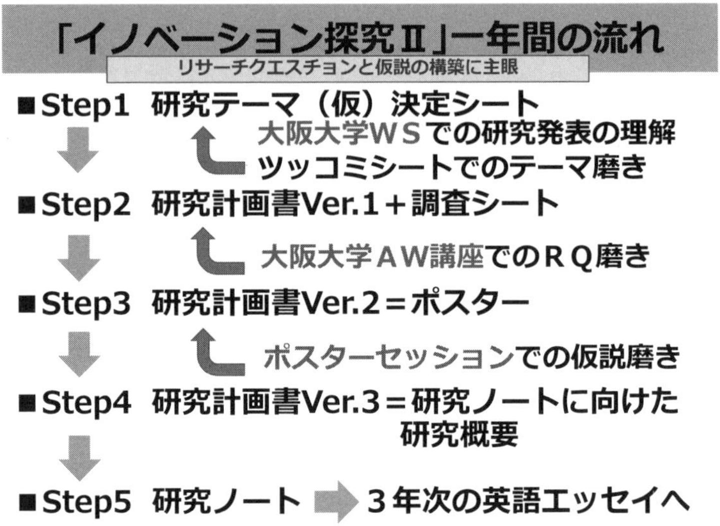

図 3.2-2　「イノベーション探究Ⅱ」の流れと大阪大学との関係
京都府立鳥羽高等学校作成資料を引用。

　大阪大学は、後に詳細を説明するように、2 年次の 5 つの段階のうち 3 つ
において役割を果たす。具体的には、大学教員が高校生を直接指導するイベ
ントの実施と、その際利用する教材の開発協力をするという、協働をしてい
る。受講生徒たちは、3 名～5 名のグループに分かれ、それぞれで興味をも
てる社会的調査テーマを選択する。

　鳥羽高校の教員は、グループワークの円滑な進行のコントロールと、生徒
たちが進行に困難を感じたときの助言活動を主とし、生徒の自主性尊重に配
慮して授業を運営している。

3.2.3　大阪大学の取り組み―大学側でできること

　大阪大学は、鳥羽高校との「イノベーション探究Ⅱ」では、科目進行を補
助する下記 3 つの役割を主に担っている。

　(1) 毎年 6 月に、「よい研究発表とはどのようなものか？」と題するワー
クショップを鳥羽高校において行っている。これは、良い研究や良い研究

発表の要点を簡単に紹介するような内容となっている。担当講師は大阪大学の進藤修一氏、柿澤寿信氏が分担して行っている。受講生徒は、このワークショップを取り組むべき課題を明確化するための参考とし、「研究計画書 Ver. 1」の作成を進める。「研究計画書 Ver. 1」は、鳥羽高校と大阪大学が共同開発したものであり、グループで取り組むことを決めた研究テーマ、受講生徒各自が個人で取り組むべきリサーチクエスチョン、などをグループディスカッションで決め、記入していく。

　(2) 毎年 8 月に、鳥羽高校の受講生徒に大阪大学豊中キャンパスに来てもらい、アカデミック・ライティングの基本的な注意事項や基本技能を習得してもらう短期集中の講習会を行っている。講師担当は筆者ら(堀、坂尻)と進藤修一氏である。また、毎年数名の大阪大学の大学院生がティーチングアシスタント(TA)として参加している。彼らは、大阪大学で筆者らが開講している大学院生対象アカデミック・ライティング科目「学術的文章の作法とその指導」修了者や、附属図書館ラーニング・サポーターから選抜している。TA たちは講習運営の補助や、生徒たちのグループディスカッション時の助言活動を行うなどの業務を担当している。

　受講生徒たちは、講習会前の夏休み期間中に「研究計画書 Ver. 1」に基づく「作業シート」作成作業をして参加する。作業シートは、受講生徒個人に対し設定したリサーチクエスチョン「問い」と、調査して得られた暫定的な「答え」、答えに繋がる調査結果内容「論拠」を書きこむものとなっている。

　講習は午後のおよそ 3 時間である。ほぼ 1 時間ごとに内容を分け、休憩をはさむ。1 時間目は持ち寄った「作業シート」を基に、いつもグループを組んでいる生徒以外とペアを組み、各自の「問い」と「答え」の対応が良好であるか、「論拠」情報が正しく「答え」に繋がるものとなっているか、ディスカッションするワークを行う。2 時間目は、大阪大学教員が用意した「ダメレポート例」をグループで読み込み、ダメな点を書き出し相互評価するワークを行う。3 時間目は、パラグラフ・ライティングの基本事項を学習し、1 時間目のディスカッションの内容を参考に、自分の調査結果を 1 つのパラグラフに書き出すワークを行う。

（3）毎年 10 月から 11 月にかけて、鳥羽高校において、研究成果発表のポスターセッションを行う。大阪大学は、リハーサルと本番セッションの双方を支援し、進藤修一氏と金泓槿氏、数名の大阪大学 TA が参加している。TA は、高大連携活動の協力者である「高大接続サポーター」から選抜している。進藤氏らは、リハーサルでは、発表練習の内容に対するコメントや改善助言を行い、本番セッションではルーブリック評価票に基づく発表を評価する役割を担っている。受講生徒たちは、本番セッションの高校外からの参加者の意見も参考に、年度末の「研究ノート」作成作業へと進む。

3.2.4　これからの高大接続ライティング教育に向けて

　以上に紹介した高大接続の取り組みから、得られた知見をいくつか紹介する。あわせて、紹介した事例の成果に基づいてこれからどういった取り組みをすればいいかの提案をしてみる。

3.2.4.1　得られた知見

　今回の取り組みや、以前から取り組んできた大学学部初年次生対象のライティング教育から筆者らが得た知見を、以下に紹介する。

　（A）大学生対象の科目も、高校生対象の科目も、一人の教員が良好に指導担当可能であるのは、対面授業の場合受講者数は 30 人くらいまでである。
　（B）高校生の段階では、学術的なまとまった文章を書く経験が乏しいだけでなく、学術的な文章を読んだ経験に乏しい者が多い。そのため、まず学術的な文章とはなにかを説明し、アカデミック・リーディングの基本を紹介したうえで、アカデミック・ライティングの手順を教える必要がある。
　（C）2020 年の時点において、高校生の探究学習におけるライティング活動に使える教科書的な市販の教材[2]は数が少なく、その内容も必ずしも個別の高校の取り組みに対して有効ではない。各校の探究学習の事情

にあわせてカスタマイズした教材を準備する必要がある。

3.2.4.2　大学教員への提案

　このような知見に基づき、まず、大学教員に対する提案を行う。

　筆者らは、大学教員から、学生の(主に日本語の学術的な)ライティング能力に関し、不満を述べる意見を聞いたことがある。例えば、「学生がきちんとしたレポートを出さない」「学生のコピペを防止したい」「文章を書くことに問題があり、卒論作成に困難を抱える学生がいる」「大学院生になっても学術的な文章がうまく書けず、指導に困惑する」「高校までの段階で、基本のライティング教育が済んでいれば助かるのだが」といった内容である。このような認識がありながら、状況が改善していかない背景には、大学生・大学院生にもなればレポート・論文が書けて当たり前であり、教員や先輩をまねて自分で書き方を学ぶべきという伝統的な考え方、あるいは、最近の学生に対するライティング教育の重要性は理解しているが、自分がライティング教育に直接携わるのは面倒であり、他者の成果に依存したいという心情が存在していると、とらえることができる。

　このような大学教員とアカデミック・ライティング指導が進んでいない高校までの教育との間にはさまれた学生たちには、アカデミック・ライティングに対する不安や苦手意識をもつ者も少なくない(渡辺 2017)。筆者らが大学学部初年次のアカデミック・ライティング指導授業の受講者に受講理由を尋ねたアンケートでも、「高校の時にレポートを書いた経験がなく不安だ」「大学でちゃんとしたレポートが書けるかどうか心配だ」「文章を書くのが苦手で、大学のシラバスを読んでレポートを課す授業は避けてきた」など、アカデミック・ライティングへの不安をあげる場合が多い。

　こうした状況を少しでも改善するためには、意欲をもった大学教員が個別に、大学生(特に学部初年次生)のみを対象として取り組むだけでは不足であり、大学全体と高校との良い具合の協力関係(良好な高大接続)をなるべく増やしていく必要がある。

　そこで、ライティング教育における良好な高大接続のために、大学教員に

向け 3 つの提案をしたい。

　第 1 に、大学教員が、大阪大学と鳥羽高校の事例のように、（講習会実施や出前授業など）直接高校生に対してライティング教育をするという実践をしてはどうだろうか？　なぜなら、高校生に対する直接教育の経験をもち、教育の現況を実践経験から把握することは、大学におけるライティング教育を企画するにあたっても、重要な参考情報となるからだ。

　第 2 に、大学教員は高校教員向けの FD 活動にも積極的に携ってはどうだろうか？　なぜなら、前記したように一人の大学教員が直接対面型の授業で効果的に教えられる人数は限られているため、多数の高校生への大学教員のみによる指導は困難だからだ。この状況を改善するためには、高校の教員もライティング教育に自信をもってあたれるよう、大学教員が高校教員をサポートする必要がある。

　第 3 に、不足している高校生向け教材開発にも大学教員が積極的に関わってはどうだろうか？　高校学習指導要領からは、的確なライティング教育に必要な教材の要件は見えてこない。大学教員は、大学でのライティング教育で得た知見を高校側に提供し、より良い教材作りに貢献できるはずだ。

　筆者らは、こういった活動が日本国内のより多くの大学で進行するよう、できる限り貢献する所存である。

3.2.4.3　高校教員への提案

　次に、高校教員に向けて 2 つの提案をしたい。

　第 1 に、高校教員個人、あるいは高校単独での取り組みが困難な状況であれば、（鳥羽高校のように）近隣の協力可能な大学に支援を要請する行動を試みていただきたい。2020 年時点で、高大接続ライティング教育に自信をもって携われる高校教員は少数である。にもかかわらず、2019 年度からの「総合的な探究の時間」前倒し実施など、ライティング指導の機会が増大する状況である。大学教員の個別直接授業が実現できない場合であっても、教材の共同作成や、高大接続活動としての FD 実践など、事態改善に進む可能性があるはずである。

　第 2 に、まとまった分量の学術的な文章を書かせる機会を増やすよう、工夫していただきたい。先に 3.1 で紹介したように、「総合的な探究の時間」科目の到達目標は、グループワーク成果のプレゼンテーションに置かれがちであるが、それでは書く力を十分に培うことはできない。ぜひ、それに加えて、高校生たちの将来のためにも、まとまった分量の文章を書く機会を増やさなくてはならない。

謝辞

　本章の内容をまとめるにあたり、まず大阪大学高等教育・入試研究開発センターの教員である、吉本真代、金泓槿各氏に、厚く感謝する次第である。両氏には高大接続活動の実践にあたり、多大の支援をしていただいた。また、大阪大学言語文化研究科 進藤修一氏、全学教育推進機構 柿澤寿信氏には、全学的な高大接続活動を主導していただき、筆者らの活動がより有効なものとなるよう配慮していただいた。高大接続の高校側として、田中誠樹氏、竹林祥子氏をはじめとする京都府立鳥羽高等学校の関係者のみなさんに、積極的な協働をしていただいた。あわせて、大阪大学全学教育推進機構、京都府教育委員会の関係のみなさんにも感謝する次第である。紹介した教材の作成にあたっては、JSPS 科研費 16K01016、19H01269、20K03251 の補助を受け、推進した研究の成果が活用されている。

注

1　平成 29（2017）年に行われた文部科学省のスーパーグローバルハイスクール中間評価においては、鳥羽高校は、「優れた取組状況であり、研究開発のねらいの達成が見込まれ、更なる発展が期待される」という最高評価を得た 4 校のうちの 1 校となった。4 校のうち、公立高校は鳥羽高校が唯一であった。とりわけ「大学と連携しアクティブ・ラーニングを軸とした活動の実施やアクティブ・ラーニングへの指導法転換が取組を支えている点も極めて高く評価」された。

2　例えば、岡本尚也『課題研究メソッド』、後藤芳文・伊藤史織・登本洋子『学びの技 14 歳からの探求・論文・プレゼンテーション』、名古屋大学教育学部附

属中学校・高等学校国語科『はじめよう、ロジカル・ライティング』等。

引用・参考文献

文部科学省 (2019)『高等学校学習指導要領（平成 30 年告示）解説 総合的な探究の時間編』学校図書

杉山清寛・東山愛・サリッディチャイナンター プーチット・中川紀子・森野貴子・河本伸子・川内正 (2019)「高校生の可能性を拓く：SEEDS プログラムの実践記録」『大阪大学高等教育研究』7: pp. 15–21. 大阪大学全学教育推進機構

渡辺哲司 (2017)「大学新入生にとってレポートとは―認識のズレと苦労のメカニズム」渡辺哲司・島田康行『ライティングの高大接続―高校・大学で「書くこと」を教える人たちへ』pp. 131–144. ひつじ書房

第4章　学生はアカデミック・ライティングの何が難しいのか―大学初年次生のレディネス

近藤裕子

　最近の大学生はレポートも書けないという声は、2000年に大学生の基礎学力の低下が問題視されるとともに広まり、今もなお続いている。書けないこと、できないことばかりが注目されがちである一方、書けること、できることは何だろうか。学生が大学入学以前にどのような文章を書き、入学時にどの程度書ける状態にあるのかを知ること、さらには、それらと大学で求められるライティングスキルとの差（異なり）を明確にしたうえで初年次ライティング教育を行うことこそが、アカデミック・ライティングのスキル習得という目的への近道なのではないか。このような問いを起点とし、本章では、初年次ライティング教育の効果的な実施を目指して、初年次学生のライティングに関するレディネス調査の概要と、そこから示唆されること（初年次ライティング教育のポイント）について述べる。

4.1　レディネス調査の概要

　レディネスとは、ここでは、大学生らしいアカデミック・ライティングのスキルをどの程度もっているかを意味する。言い換えれば、大学の授業で頻繁に課されるレポート等をきちんと書き上げる力をもっているかどうか。それをもっている学生を、レディネスが〈ある〉もしくは〈高い〉学生という。レディネス（readiness）は、主に教育界において、何らかの学習課題に対する学習者の準備状態（どれぐらい ready であるか）を言い表すために使われる語である。

　そうしたレディネスを測るための調査（レディネス調査）を、2017年4月、大正大学の全学共通科目の一つである「学びの基礎技法 B-1」（第1章を参

照)のうち、筆者が担当するクラスの第2回目の授業のなかで行った。目的は、大学入学以前に習得したスキルと、大学で求められるスキルとの差(異なり)を知ることである。また方法(内容)は、①学生に「書き」の経験を問うアンケートと、②学生の「書き」の特徴を探るために彼らに文章作成を求める「プレ課題」の大きく2つから成る。なお、①のアンケートは、第1章で紹介されている「学習履歴についてのアンケート」を行うよりも前に、試験的に筆者のクラスのみで行った。

　これらの調査と結果分析は、筆者(近藤)のほか、向井留実子・中村かおりによる共同研究として行ったもの(初出一覧を参照)であり、本書で報告するのは、それらの調査・結果分析を踏まえ、筆者が新たな例を加えながら考察したものである。

4.2　「書き」の経験を問う

　初年次の学生217人に、[表4-1]のような質問を提示した。大学生の書くレポートには、「～と思った」「～と感じた」といった表現の多い感想文タイプのものや、論展開や構成を意識して書いたとは受け取れない、思いつくままに書き連ねられたタイプのものが多く見られる。それらは、彼らの「書き」の経験とどのような関係にあるだろうか。質問項目は、意見文・小論文など、意見とその根拠を提示する必要性があって、構成を意識しなければな

表4-1　「書き」の経験についてのアンケート項目

これまで学校で書いたことのあるものを選んでチェックしてください。(複数回答可)		
A　自分のしたことについて（経験）	202人	（93.1%）
B　自分の思っていることについて（感想）	198人	（91.2%）
C　何かについての意見を書く（意見）	188人	（86.6%）
D　与えられた資料を読み、意見を書く（意見）	162人	（74.7%）
E　二つ以上の資料を比べ、意見を書く（意見）	166人	（76.5%）
F　与えられた資料の内容をまとめる（報告文）	105人	（48.4%）
G　新聞、ネットの情報を調べ、分かったことを書く（報告文）	127人	（58.5%）
H　大学入試等の「小論文」を書く（小論文）	122人	（56.2%）
I　レポートを書く（レポート）	31人	（14.3%）

対象は、初年次の学生217人。

らない文章を書いた経験がどれぐらいあるかを知ろうと意図して設けられた
ものである。

　その結果、217 人中 188 人（86.6%）が「C 何かについての意見を書く」を
選択し、さらに「H 大学入試等の「小論文」を書く」を選択した学生も 122
人（56.2%）と半数以上であった。これは、大学入学以前に意見文・小論文を
書いた経験のある学生が多くいることを意味する。その経験を大学でのアカ
デミック・ライティングにどのようにつなげるかについては、4.4 および 4.5
で改めて検討する。

4.3　「書き」の特徴を探る

4.3.1　プレ課題の内容と条件

　プレ課題には、アンケートのときと同じ初年次の学生 217 人が臨んだ。
課題の内容は、小学生のスマートフォン所持についての賛否型小論文（800
字程度）を 60 分以内に書くというものであり、与えられた指示（条件）は「小
学生のスマートフォン所持について資料（3 種）を参考に、賛成・反対の立場
に立ち、意見を述べなさい」というものだった。なお「資料（3 種）」とは、
次の A、B、C の 3 つである。

　　A：「携帯・スマホ所持、小学生で 5 割超　県調査／埼玉県」『朝日新聞』
　　　　2017 年 4 月 4 日朝刊埼玉版
　　B：「ゲーム依存症　進む低年齢化、対策急げ」『朝日新聞』2017 年 2
　　　　月 11 日朝刊
　　C：「子どもの SNS、安全策は『バカ』『KY』…LINE2 万語、受信で親
　　　　に通知」『朝日新聞』2016 年 9 月 8 日朝刊

4.3.2　分析の観点

　初年次の学生が入学時に作成した小論文を、1)文章構成、2)根拠提示、3)
外部資料の扱いという 3 点に絞って分析した。

　1) 文章構成については、一般的な小論文の型（組み立て方）を参考にその傾向を探った。一般的な小論文の型とは、まず主張を述べ（場合によっては、まず問題の背景を取り上げ、その後に主張を述べ）、それを支える根拠の提示、反論の想定、まとめ——と続くものであるが、その型はレポートの構成とも共通点が多い。よって、そのような小論文の型に沿った書き方がなされているかどうかを知ることは、レポート構成の指導を考える一助となるだろう。

　2) 根拠提示については、主張の根拠として何を、どのように提示しているかに注目し、さらに、あらかじめ与えられた外部資料（A、B、C）をどのように用いているかという観点も加えて分析を行った。主な意図は、根拠の客観性がどの程度意識されているかを知ることである。客観性は、大学のレポート・卒業論文などのアカデミック・ライティングでとりわけ強く求められる要素である。

　3) 外部資料の扱いについては、外部資料を自分の論に取り入れ、扱うことができるかを知ることを目的としている。大学生の書くレポートでしばしば問題視される、引用に関する認識や技術・マナーについて検討するためである。

　以上 3 つの観点から、彼らのレディネスにどのような不足があるのかを明らかにしようと試みた。

4.4　得られた結果とその解釈

4.4.1　文章構成

　文章構成について分析したところ、一般的な小論文の型と、それに準ずる文章の構成とが確認された。ここでいう一般的な小論文の型とは、［表4-2］に示すように、問題の背景、主張、主張を支えるいくつかの根拠の提示、反論の想定、まとめの順に情報を並べて締めくくるものである。

　このような型の使用が 186 人（85.3%）で見られたことから、ほとんどの初年次学生がその型を認識し、使用していることが推察できる。これは、二通

表 4-2　一般的な小論文の型

【問題の背景】	現在、携帯電話、スマートフォン、またゲームに依存している人が多く、問題となっている。
【主張】	私は、子供のスマートフォン所持に賛成／反対だ。
【根拠提示】	理由は 2 つある。 　1 つ目は（まず）…… 　2 つ目は（次に）……
【反論の想定】	確かに、……しかし、……
【まとめ（主張の繰り返し）】	したがって、私は子供のスマートフォン所持に賛成／反対だ。

（2001）が指摘するアカデミック・ライティングに必要な「演繹型」の文章にみる重点先行、つまり、主張や結論を先に述べ、それを支える根拠等を後に続けるような書き方が、すでに身についていることを意味する。なお、先掲のアンケート結果（［表 4-1]）において、意見文を書いた経験のある学生は188 人（86.6%）、受験用の小論文を書いた経験のある学生は 122 人（56.2%）であったことから、この型の使用は過去の作文経験が反映されたものだと考えることもできよう。

　一方で、型の認識がされず、思いつくままを書き連ねる学生も存在することを見逃してはならない。彼らは、書けないのではなく、ただ小論文を書いた経験がないために型を「知らない」のかもしれない。

4.4.2　根拠提示

　主張の根拠として用いられた情報を筆者（近藤）が解釈、分類した結果を［表 4-3]に示す。最も多く見られたのが、「自分が当然だと考えていること」であり、その割合は 78.3% に上った。それに次ぐのは「世間で周知の事実とされていること」の 63.6% であり、以下「資料の使用」の 58.5%、「自分の経験」の 36.4%、「新聞やニュース」の 23.5% と続いた。

　最も多く挙げられた「自分が当然だと考えていること」、さらに 4 番目に多かった「自分の経験」は、それまで自分が見聞きしてきたことやそれに基づく考えを意味しており、主観的である。一方、「世間で周知の事実とされていること」と「新聞やニュース」は、その出典がきちんと示されているか

表 4-3　主張の根拠として用いられた情報

自分が当然だと考えていること	170 (78.3%)
世間で周知の事実とされていること	138 (63.6%)
資料の使用	127 (58.5%)
自分の経験	79 (36.4%)
新聞やニュース	51 (23.5%)

どうかは別として、自分の外から情報を取り入れ、利用するものである。また、「資料の使用」は与えられた外部資料を用いて客観的に論じようとしていることの表れであり、実際に6割近く（58.5%）の学生がそのような意識をもっていたことが推察できる。

　ここで、実際に初年次の学生が書いた文章2例を［表 4-4］に示す。例1は、資料の補足として具体的な自分の経験を述べることによって、説得力をもたせようとしている。例2も同様で、さらに見聞きしたことや自分の考えも主張の根拠として述べている。

表 4-4　資料の補足として、自分の経験、見聞、考えを述べる例

例1：資料の補足として自分の経験を述べる スマートフォンを所持することに私は賛成です。ですが、資料Bにあるように、スマートフォンは使い方を間違えると大変なことになります。この資料にも書いてあるとおり、私も一時期スマートフォンのゲームにはまり、睡眠時間を削りゲームをしていました。その時は学校に遅刻はしなかったものの、授業中に寝てしまうこともありました。（後略）
例2：資料の補足として、見聞きしたこと、自分の経験、考えを述べる そもそもなぜ親はスマートフォンを子供に持たせる必要があるのだろうか。私がまだ中学生だった頃はあまりスマートフォンを持っている人はあまりなかった。しかし、先ほどの調査にもあったが街を歩いていると小学生がスマホ持っているのが頻繁に目につくようになった。ニュースなどを見てみても子供が親のクレジットカード使う、スマホのゲームにお金を払ってしまうというトラブルになったというものよく見るようになった。安全のために子どもにスマートフォン持たせているのに、これでは本末転倒だ。親の中にはルールを決めたり、SNSの内容を監視したりする親がいるらしいが、それは無駄だと思う。SNSの内容を身内の人間に見られたいと思う人は少ない。そして、親への信頼も損なってしまうかもしれない。子どもの居場所を知りたいのならばスマホではなくGPS付きの携帯にすればいいだろうし、小学生は特に1人で遠くへ行ったりはしないだろう。親が心配だと思う気持ちも分かるが、スマートフォンではなく家族で会話して家のルールを決めるべきだと考えた。

　以上のことから、多くの学生は与えられた外部資料を根拠として用いよう

とする意識をもっているが、その資料を補足するため、あるいは説得力をもたせるために、具体例として自分の考えや常識、経験などを提示する傾向があるとわかる。これらは、意見文・小論文では本論の中で根拠となる具体例や事実を挙げるものだ（渡辺・島田 2017: 47–58）という指導を受けてきた結果であろう。つまり、説得力を高めるために具体例を挙げようとして、自らの経験等を付け加えたものと解釈できる。

4.4.3　外部資料の扱い

　アカデミック・ライティングでは、外部資料は引用という形で用いる。その際には、出典を明らかにすること、どこからどこまでが引用であるかを明確にすること（引用部分と自筆の文章との区別）等の形式面、さらには、引用が論に活かされているか、主張と適切に関連付けられているかといった運用面の両方がポイントとなる。

　では、大学入学時の学生は、外部資料をどのように扱っているのだろうか。アカデミック・ライティングにおける引用のポイントとなる、外部資料を文章に取り入れる際の形式面と運用面とに分けて検討してみよう。

　［表 4-5］は、実際に外部資料を提示している文章の例である。そこでは、外部資料を用いて背景説明がなされている。以降、下線（波線、二重線）部分を中心に詳しく見ていく。

表 4-5　外部資料を提示する例

例 3：背景説明に外部資料を取り入れる
今の時代はほとんどがスマートフォンで何でも調べたり、様々のことができる時代である。私がスマートフォンを持ちはじめたのは高校 1 年生からである。しかし、現代の小学生のスマートフォン所持率を見てみると、50.1％と半数を超える驚きの結果であった。県内の小中高生らを対象にした昨年度の県の調査結果によると、5 年前の調査より 25.7 ポイント増と倍増しており、県の担当者は親子間で携帯電話やスマートフォンを使う際のルールを決めるなど適正な利用環境を整えてほしいとしている。（後略） （※下線は筆者による）

（1）形式面

　形式面については、まず、外部資料を用いたことが明らかにわかる表現が

用いられている。すなわち、「現代の小学生のスマートフォン所持率を見て
みると、50.1％と半数を超える驚きの結果であった。」の「〜を見てみると
〜であった」という表現がそれである。ただし、厳密に言えば、そこには
書き手の主観を表す「驚きの」が入っていることから純粋な引用とは言えな
い。また、「であった」と結んでしまったために、その事実が自分で調査し
て得たものであるかのように捉えられる可能性も残る。実際の大学生の書く
レポートにはこの類の表現が多く、どこからどこまでが引用であるかが読み
手には判断できないことがある。

　こういった問題を含むものの、この学生には既に一定程度の引用のスキル
が身についていることが窺える。文中、「県内の小中高生らを対象にした昨
年度の県の調査結果によると、5年前の調査より25.7ポイント増と倍増し
ており県の担当者は親子間で携帯電話やスマートフォンを使う際のルール
を決めるなど適正な利用環境を整えてほしいとしている」では、アカデミッ
ク・ライティングでよく用いられる引用表現「〜によると、〜ており」「〜
は、〜としている」を用いているほか、複数個所から抜き出した情報を1文
にまとめるなどしている。このように、大学入学時に一定の引用スキルが身
に付いていれば、そのうえに更なる客観性への意識を促すことで、より質の
高いアカデミック・ライティングにつなげることもできよう。

　その一方、外部資料を用いながら、引用であることを全く明示していない
事例を［表4-6］に挙げ、やはり下線部を中心に見ていく。このような事例
も決して少なくはない。

表4-6　外部資料を用いながら引用であることを明示しない例

例4：外部資料を用いながら引用形式をとらない
（略）1つ目の理由は、SNSなどの機能を使って、いじめや犯罪につながる恐れが十分にあるからである。例えば、「バカ」や「KY（空気が読めないの意味）」などのメッセージが簡単に送信できるからである。しかし、子供の意見では、「危険を教えてくれる」「犯罪などを防げる」「親に信頼されていないと感じる」という意見がある。それはスマートフォンのSNSの機能があるからこそ生まれる危険であると考える。（後略） （※下線は筆者による）

　そこに書かれていることは、与えられた資料C（4.3.1参照）の内容と同一

であるが、引用形式をとらないため、自分の論であるかのように読めてしまう。このことは、剽窃や盗用にも繋がる問題を孕んでいる。実際に大学生のレポートの"コピペ"が問題視されているが、この事例は、プレ課題を行う際に共通資料が与えられていることから、意図的にコピペをしたとは考えにくい。つまり、正しい引用のしかたを「知らない」と考えるのが自然である。このように、外部資料の扱いについてレディネスがない（あるいは、低い）初年次の学生も一定数存在するのである。

　以上、外部資料の取り入れ方（引用）の形式面を検討してきた。学生による差は大きいが、形式面で不適切な引用は広く見られるため、大学初年次のアカデミック・ライティング指導において、引用の形式は重点的に扱うべき項目であると言えよう。

(2) 運用面

　次に、外部資料を自論の展開と関連付ける「運用」の面から考察していく。

　資料 A（4.3.1 参照）は、スマホの所持実態を数値データで示しており、小学生のスマホ所持がどの程度多いのかを客観的に示す資料として、背景説明に用いられることを意図して提示したものである。では、それを学生たちはどのように用いたのだろうか。

　実際に資料 A を背景説明に用いた学生は 26 名（12%）しかおらず、多くはデータを用いずに「近年小学生のスマホ所持が増加している」ことを述べていた。ここから、周知の事実や常識と実際のデータ使用との間の線引きが難しいことが指摘できよう。もちろん、周知の事実はデータを用いるまでもなく言及することが可能であり、また、そうしたことは実際に容認されてもいる。そうした意味では、12%の学生がデータを用いて客観的に説明しようとする意識をもっていた、とポジティブに評価できるかもしれない。

　さらに、外部資料をどのように用いて論を展開させているかに注目すると、資料を自分の主張の根拠に用いるのではなく、資料そのものを例示し、それに対する意見を述べる（批判したり、個人の体験と結び付けたりする）学生が多かった。その一例を［表 4-7］に示す。

表 4-7　外部資料を主張の根拠に用いない例

例 5：外部資料を例示し、それに対する意見を述べる
資料 B 韓国ではオンライン制限が設けられている。日本は技術大国であるにも関わらず、このような制限に対して甘さが見られる。技術があるのだからうまく利用して制限やルールを作るべきだ。資料 C のアプリケーションは有効的だ。悪口や暴力的な言葉を冗談として送ることもあるだろう。しかし、受け取る側がどのように感じるかは画面越しでは把握しきれない。ましてや未成年である。冗談と本音の区別をつけるのが難しく、心に傷を負ってしまう可能性もあるのだ。(後略)

　この例では、外部資料を事例として取り上げ、一つひとつについて意見を述べている。また、上掲の［表 4-4］例 1 では、「資料 B にあるように、スマートフォンは使い方を間違えると大変なことになります。」「この資料にも書いてあるとおり、私も一時期スマートフォンのゲームにはまり（後略）」と、資料を引き合いに出し、そこへ個人的な意見や経験を続けている。このようなパターンを示す文章は少なくない。これらはいずれも、論の流れに外部資料を取り込むのではなく、外部資料を一つの問いのように捉え、書き手自身に引き寄せ、共感あるいは反発し、意見や個人的経験を述べるために用いている。また、与えられた課題に対し、自分がどのように考えるかといった答えを示そうとしているかのようでもある。

　以上をまとめると、客観性を担保しながら外部資料を論展開に用いるという意識は、学生のなかでは希薄であることが読み取れる。

4.5　結果から示唆されること

　以上の調査結果から示唆される初年次ライティング教育の指導のポイントを、文章構成、根拠提示、外部資料の扱いの 3 つの点についてまとめてみよう。

4.5.1　文章構成

　演繹型の構成が既にある程度習得されていることを土台として、さらに字数の多いレポートや卒業論文に対応できるような構成を指導するべきであろう。字数の多い（長い）文章では、構成（特に章や節の立て方）が鍵になる。そ

こに焦点を絞って指導することにより、大学で求められるアカデミック・ライティングへの移行がスムーズに行われるのではないだろうか。

　一方、演繹型の構成をまだ習得していない学生には、目指す文章の型を提示することが有効であろう。第 1 章で紹介されている大正大学における文章表現教育では、「調査報告型レポート」「論証型レポート」の 2 つのタイプの型を提示し、サンプルレポートを用いて理解を深めさせ、アウトラインに沿って実際に書かせている。型を意識させることによって、標準的な構成を大きく逸脱する文章はほとんど産出されなくなる。

4.5.2　根拠提示

　提示する根拠については、客観性のあるデータを使用するよう指導する必要がある。抽象的な事象を具体的に説明していこうとする意識は認められるものの、そこで提示される情報の多くは個人的な経験や見聞、主観的な評価などである。注意すべきは、学生がそれまでに書いた経験のある小論文・意見文が、しばしば自分の経験を語ることによって具体化や説得力の増大を図るものである点である。それは小論文や意見文にとって効果的なこともあるが、アカデミック・ライティングにはそぐわない──ということを強調しておく必要があろう。

　他方では同時に、文章は、書く目的や読み手によって構成や文体、根拠とする材料のふさわしさが異なることを伝える必要もあろう。そもそもアカデミック・ライティングは書き方の流儀の一つであるに過ぎず、学生が後に行う就職活動では、かえって自分の経験などを語るほうが効果的なこともあるからである。

4.5.3　外部資料の扱い

　自分の意見と、一般論や他人の意見との書き分けについては、どのような学生に対しても丁寧に指導する意義はあるであろう。出典の明記、自分の文章と外部資料との区別を行うといった形式的な点を意識できている学生もいなくはないが、それがまったくできていない──おそらく大学入学以前にそ

ういった指導を受けなかった——学生も一定数存在する。引用形式の不適切さが要因となって剽窃や盗用に結びつく事態は、避けなければならない。専門分野や個人の趣向によって異なり得ることから、大学初年次のライティングの授業で学んだ引用形式がその後も万能であるとは限らないが、外部資料と自分の文章との書き分けや出典の明記等の基本的事項だけは徹底的に身につけておきたいものである。

　論展開に即した外部資料の取り入れ等については、初年次学生のレディネスは低いと捉えてもよいであろう。よって、レポートの全体像（構成・論展開）を想定したうえで、そもそも"何のために引用するか"といったこと、すなわち外部資料を用いる目的を確認することが指導のポイントとなるであろう。

4.6　むすび—今後の課題として

　以上、初年次の学生のレディネスを踏まえたライティング指導のポイントを探った。彼らのできること、少しの助言によりできるようになることは少なくないし、それらを活用したライティング指導の可能性は大きい。

　筆者がこだわっていることの一つに、日ごろ慣れ親しんでいる日本語という言語を外国語のように客観的に見つめてみることが挙げられる。日常的に用いる言語だからこそ、言葉自身のもつ意味や機能に気づかない様子が窺える。例えば「思う」や「〜てしまった」を無意識に多用する初年次生がいる。その学生は、自分の意見を述べるのになぜ「思う」は避けるべきなのか、事実を述べる際に「〜てしまった」と表現すると主観的だと指摘される理由は何か、読み手に伝わるためには何をどのような順番で述べていけばよいのか、などを意識してはいない。逆に、どうしてその表現を使うのかという問いにも、はっきりとした理由は思い浮かばないようだ。しかし、当たり前に使用している日本語をほんの少し捉えなおす後押しをすることで、学生の意識は劇的に変わる。こういった言語的側面からのアプローチも「客観性」に対する気づきを促すであろう。

　このようにライティングの指導方法を模索する一方で、レポートや卒業論文が書けるようになることを目的とした初年次ライティング教育がどの程度専門教育で活かされているかは未知である。大学でのレポート課題は、専門分野による特徴もさることながら、内容的にも授業の感想を求めるものから学びを発展させたものまで多種多様である。レポートの何をどのように評価するかといった評価ポイントも明らかではない場合も多い。「レポートが書けない」という苦言は聞かれるが、はたして、専門科目（を担当する教員）は、学生のレポートに何を期待するのか。初年次で身につけておくべきライティングスキルとは何か。

　初年次ライティング教育は、高大接続と、そこから先の専門教育、さらには社会との接続を担っている。どこにゴールを定め、何をどのように指導すべきであろうか。課題としたい。

引用・参考文献

二通信子（2001）「アカデミック・ライティング教育の課題—日本人学生及び日本語学習者の意見文の文章構造の分析から」『北海学園大学学園論集』110: pp. 61–77. 北海学園大学学術研究会

渡辺哲司・島田康行（2017）『ライティングの高大接続—高校・大学で「書くこと」を教える人たちへ』pp. 47–58. 71–74. ひつじ書房

第Ⅱ部　後方で模索する

第5章　大学生が振り返る高校「国語」

島田康行

　大学入学の時点で、学生はどのようなライティングの力を備えているのか。大学新入生を対象とする継続的な調査によって、彼らが高校「国語」で学んできたことの一端を確認した。経年的な変化がほとんど見られない中で、2016（平成28）年以降に入学した学生たちが記憶する高校「国語」の授業には、わずかながら変化が現れている。その背景を考えてみる。

5.1　学習指導要領改訂の前後における高校「国語」学習内容の変化

5.1.1　大学新入生対象の調査

　かねて筆者らは高校「国語」の授業の実情を知るために、大学新入生を対象とする調査を継続的に実施し、結果を報告してきた（島田・渡辺2018、渡辺・島田2017）。ここではそれ以降、さらに2019（令和元）年度までに実施した調査の結果を加えて、その概要を示したい。

　この調査は、大学新入生が高校「国語」の授業内容を振り返り、記憶に頼って質問に回答する形をとっている。2015（平成27）年から2019（令和元）年の5年間、日本各地に所在する12の総合大学の新入生――すなわち旧学習指導要領（平成11年告示）下で学んだ最後の学年と、現行学習指導要領（平成21年告示）下で学んだ最初の4学年の大学新入生――のべ約2,460人を対象として実施した。回答者が所属する大学はいずれも「受験学力」の比較的高い志望者を集めている。

　調査に使用した質問紙では、高校「国語」の授業で経験した可能性のある内容を項目1〜23として示し、回答者は各々の項目について「5 十分に学ぶ機会があった」から「1 ほとんど学ぶ機会がなかった」までの5段階で回

答した。

　質問項目 1 ～ 23 の内容は、実は［表 5-1］に示すように、高等学校学習
指導要領「国語」（平成 21 年告示）に示された「国語総合」の「指導事項」（項
目 1 ～ 13）及び「言語活動例」（項目 14 ～ 23）の文言をほぼそのまま引用し
たものである。

表 5-1　質問項目

> 高校 3 年間に受けた「国語」の授業では、主にどのようなことを学んだと感じますか？ 各項につい
> て「5 十分に学ぶ機会があった」～「1 ほとんど学ぶ機会がなかった」の 5 段階でお答えください。
>
> 1) 根拠を明確にするなど論理の構成や展開を工夫して，自分の意見を述べること
> 2) 相手や目的に応じて題材を選び，文章の形態や文体，語句などを工夫して書くこと
> 3) 文章の内容や形態に応じた表現の特色に注意して読むこと
> 4) 目的や場に応じて効果的に話したり的確に聞き取ったりすること
> 5) 論理の構成や展開を工夫し，論拠に基づいて自分の考えを文章にまとめること
> 6) 文章の内容を的確に読み取ったり，必要に応じて要約や詳述をしたりすること
> 7) 課題を解決したり考えを深めたりするために，相手の立場や考えを尊重して話し合うこと
> 8) 対象を的確に説明したり描写したりするなど，適切な表現の仕方を考えて書くこと
> 9) 文章に描かれた人物，情景，心情などを表現に即して読み味わうこと
> 10) 話したり聞いたりしたことの内容や表現の仕方について自己評価や相互評価を行うこと
> 11) 優れた表現の条件を考えたり，書いた文章の自己評価や相互評価を行ったりすること
> 12) 文章の内容や表現の特色について評価したり，書き手の意図をとらえたりすること
> 13) 幅広く本や文章を読み情報を得て用いたり，ものの見方や考え方を豊かにしたりすること
> 14) 状況に応じた話題を選んでスピーチしたり，資料に基づいて説明したりすること
> 15) 情景や心情の描写を取り入れて，詩歌をつくったり随筆などを書いたりすること
> 16) 文章を読んで脚本にしたり，古典を現代の物語に書き換えたりすること
> 17) 調査したことなどをまとめて報告や発表をしたり，内容や表現を吟味しながらそれらを聞いた
> りすること
> 18) 出典を明示して文章や図表などを引用し，説明や意見などを書くこと
> 19) 様々なメディアに表現された情報を，課題に応じて読み取り，取捨選択してまとめること
> 20) 反論を想定して発言したり疑問点を質問したりしながら，話し合いや討論などを行うこと
> 21) 相手や目的に応じた語句を用い，手紙や通知などを書くこと
> 22) 現代の社会生活に必要とされる実用的な文章を読み，自分の考えをもって話し合うこと
> 23) 様々な文章を読み比べ，内容や表現について感想を述べたり批評する文章を書いたりすること

　回答の番号を数値と見なし、2015（平成 27）年の調査（n=811）と 2016 年（平
成 28 年）以降の調査（n=1,650）に分けて、各項目の平均値を計算した。結果
を、［図 5-1a, b］に示す。凡例では前者を「H27 前」、後者を「H28-31」と
示している。（［図 5-1a］に項目 1 ～ 13 の、［5-1b］に項目 14 ～ 23 の結果
を示した）。

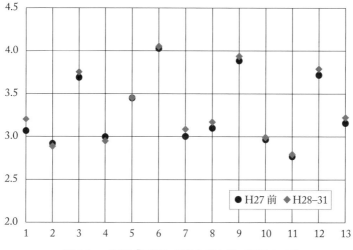

図 5-1a　高校「国語」で学んだ内容（項目 1–13）

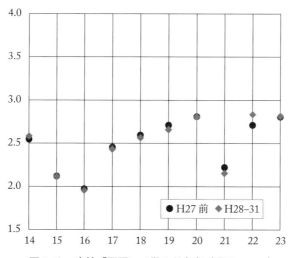

図 5-1b　高校「国語」で学んだ内容（項目 14–23）

　［図 5-1a, b］からは 2 つのことが読み取れる。1 つは項目によってばらつきがあること、すなわち、学ぶ機会が多かったと記憶されている項目と学ぶ機会が少なかったと記憶されている項目が存在すること、もう 1 つは 2015（平成 27）年の調査の結果と 2016（平成 28）年以降の調査の結果にほとんど差

がないことである。

(1) 項目によってばらつきがあること

　まず、項目によるばらつきの中身を確認する。[図 5-1a]中、学ぶ機会が多かったと記憶されている（値が高い）項目 3、6、9、12 は、いずれも「国語総合」の「読むこと」の指導事項である。これらの指導には多くの時間が費やされているようだ。

　これに対して、同じ「国語総合」の指導事項でも「話すこと・聞くこと」の項目（1、4、7、10）、「書くこと」の項目（2、5、8、11）は相対的に値が低く、これらの領域について学ぶ機会は「読むこと」に比して少なかったと記憶されていることがわかる。

　国語科の授業が「読むこと」の指導に偏る傾向はしばしば指摘されるところであり、中央教育審議会教育課程部会の「国語ワーキンググループにおける審議の取りまとめ」（2016 年 8 月）においても国語科の課題と位置づけられている[1]。上の結果はその指摘を裏付けるものである。

　また、「読むこと」に関する項目のうち「13 幅広く本や文章を読み情報を得て用いたり、ものの見方や考え方を豊かにしたりすること」のみは値が低い。近年、高校生の不読率が 57%に上ることが報告されているが[2]、時間をかけて指導する「読むこと」の授業も必ずしも幅広い読書には結びついていないようだ。

　「国語総合」の「内容の取扱い」は「話すこと・聞くこと」を主とする指導に 15 〜 25 単位時間、「書くこと」を主とする指導には 30 〜 40 単位時間を配当するものとしている。全体で年間 140 単位時間の中で「読むこと」の指導に配当される時間が多くなるのは当然であるが、上の調査結果が示す偏りは、配当時間の比率に拠るものとばかりは言えまい。調査対象の大学新入生に、「話すこと・聞くこと」を主とする指導に 15 〜 25 単位時間、「書くこと」を主とする指導に 30 〜 40 単位時間が配当されていたかと直接尋ねれば、ほとんどの学生からは否定的な返事が返ってくる。

　なお、14 〜 23 の項目群はいずれも「言語活動例」をもとにした項目であ

る（[図 5-1b]）。この項目群の値はいずれも低い。言語活動には定型がある
わけではないので、質問項目に挙げられた「例」のような活動がたまたまな
されなかったことを示しただけの結果かもしれない[3]が、やはり「国語」の
授業における課題解決的な学習や探究的な学習への取り組みが依然として活
発でないことを示唆する結果であると捉える方が実態に近いだろう。

（2）　2 つの調査結果にほとんど差がないこと

　2015（平成 27）年の調査の結果と 2016（平成 28）年以降の調査の結果にほと
んど差がないことは、学習指導要領の改訂以後も高校「国語」の授業の内容
に目立った変化をもたらしていないことを示唆している。

　実は、筆者らは 2013・2014（平成 25・26）年にも全国の大学新入生を対象
とする同様の調査を実施している（渡辺・島田 2017）。この調査は、調査項
目が旧学習指導要領（平成 11 年告示）の指導事項に基づいている点で今回の
調査とは異なっているが、得られた結果はほぼ等しい。すなわち、「読むこ
と」の各項目は学ぶ機会が多かったと記憶され、「話すこと・聞くこと」「書
くこと」の項目は総じて学ぶ機会が少なかったと記憶されている。そして
2013（平成 25）年の調査結果と 2014（平成 26）年の調査結果にはほとんど差が
ない。

　要するに、高校「国語」の授業を特徴づける「読むこと」重視の傾向は、
調査を始めた 2013（平成 25）年から継続して観察されており、現行の学習指
導要領で学んだ学生を対象とする調査においても変わらずに指摘できるとい
うことである。

　なお、この調査の回答者の所属はいずれも「受験学力」が比較的高い大学
であり、データには偏りがある。その点は限界として捉えておく。また、学
習指導要領の趣旨が高校の教育現場に浸透していくにつれ、この状況は変わ
る可能性もある。

5.1.2　高校「国語」の授業内容に見える変化の兆し

　現行の高等学校学習指導要領（平成 21 年告示）に基づく学習を経験した生

徒が大学に入学し始めたのは 2016（平成 28）年 4 月からである。2019（平成 31）年 4 月に迎えた新入生によって、ようやく 4 年までの各学年に現行課程で学んだ学生がそろったことになる。学習指導要領の告示から 10 年、施行から 7 年である。2018（平成 30）年にはすでに次なる学習指導要領も告示されたところだ。

　前節に見たように、施行から 7 年が経っても高校「国語」の授業内容に関する調査の結果はほぼ変わらないように見える。高校「国語」の授業が変わるためには長い時間を要するということだろう。

　しかし、変化がほとんど見られない中で、あらためて調査結果をつぶさに見ると、いくつかの項目ではわずかながら数値が上向いていることに気付く。

　たとえば、項目 1 や項目 22 だ[4]。

　項目 1 は「根拠を明確にするなど論理の構成や展開を工夫して、自分の意見を述べること」で「話すこと・聞くこと」の指導事項、項目 22 は「現代の社会生活に必要とされる実用的な文章を読み、自分の考えをもって話し合うこと」で「読むこと」の言語活動例に基づく項目である。ただし回答する学生たちは、各項目が学習指導要領中の文言に基づくことなどは（おそらく）知らずに答えている。

　授業の中で「根拠を明確にするなど論理の構成や展開を工夫して、自分の意見を述べること」や「現代の社会生活に必要とされる実用的な文章を読み、自分の考えをもって話し合うこと」といった活動がよく行われるようになったとすれば、これらの点では結果的に学習指導要領の趣旨に適った学習が広まったということになろう。これは授業者の意識が変わったと捉えてよいのだろうか。そうであれば、なぜそうなったのか、その背景をどう考えればよいのだろうか。

　国語の授業が変わったことを示すかもしれないもう一つの事例を挙げる。

　筆者はかつて、国立 K 大学・T 大学の新入生約 360 名を対象に、高校の「国語」において、まとまった分量（400 字程度以上）の文章を書いた経験（回数）を尋ねる調査を行い、次のように結果を報告した（島田 2012: 48–51）。調査

が行われたのは 2009(平成 21)年度である。

　教科「国語」の授業において，まとまった分量(400 字程度以上)の文章
を書いた経験(回数)
　　0　　：147(41.2%)
　　1 〜 3：79(22.1%)
　　4 〜 6：54(15.1%)
　　7 〜　：77(21.6%)

　3 年間を通じて「0 回」と回答した者の多さが目を引く。これもまた
文・理の別を問わない(文系 91 名中 36 名、39.6%、理系 226 名中 99 名、
43.8%)。それが全体で 40%を超えている。…(中略)…。高校 3 年間を
通じて「国語」の授業で 400 字程度の文章を一度も書かなかったとい
う者が多数存在していることが確かめられた。この結果に驚かないのは
「国語」の教員だけかもしれない。「0 回」に「1 〜 3 回」を加えると全
体の 60%を、「4 〜 6 回」までを加えると全体の 75%を超えることにな
る。

　これと同じ内容の調査を 2019(令和元)年に再度試みた。ただし、今回調
査の対象としたのは T 大学と、C 大学、F 大学の新入生、あわせて 224 名
である。結果は次のとおり。

　　0　　：57(25.4%)
　　1 〜 3：58(25.9%)
　　4 〜 6：41(18.3%)
　　7 〜 9：24(10.7%)
　　10 〜　：44(19.6%)

　2 度の調査の結果を［図 5-2］に示しておく。

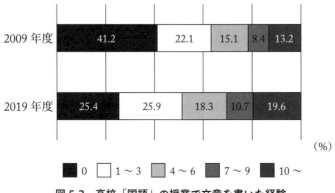

図 5-2　高校「国語」の授業で文章を書いた経験

　「0 回」の回答が約 40%から約 25%へと減少している（文系 109 名中 29 名
26.6%、理系 93 名中 28 名 30.1%、と文・理の別なく減少している）。一方で「7
回〜」と回答した者の割合は合計で約 20%から約 30%へと増加した。前回
調査の「7 回〜」の内訳を今回調査にそろえて示せば、7 〜 9：30（8.4%）、
10 〜：47(13.2%)となり、今回調査でともに増加していることがわかる[5]。

　ちなみに C 大学、F 大学とも「受験学力」の比較的高い学生を集める国
立の総合大学である。T 大学と同様に、これらの大学で前回調査の時期から
新入生の出身校のリストに大きな変化があったと考える積極的な理由はな
い。

　今回の調査でも「0 回」に「1 〜 3 回」を加えると全体の 50%を超えてお
り、文章を書く活動が一気に活発化したとまでは言えないが、まとまった分
量の文章をまったく書かずに大学に進学した学生の割合は明らかに減少して
いる。一方で、3 年間で 10 回以上も文章作成を経験したという学生が文・
理の別なく増えている（文系 24 名 22.0%、理系 15 名 16.1%）。もちろん文章
作成の指導に熱心な高校教員は以前から存在したが、その割合がこの 10 年
で増えているのではないだろうか。

　これらの調査結果は、高校「国語」の授業における文章作成の学習に変化
が起こりつつあることを窺わせる。ただし、この調査もデータには偏りがあ
り、結果は限定的に解釈しておきたい。

5.1.3　変化の背景を探る

　推測に推測を重ねることになるが、この変化の背景に高大接続改革における記述力重視の流れを想定するのは恣意的に過ぎるだろうか。

　このたびの教育課程改革、高大接続改革がどのように進められたか、前項に示した調査の期間に当たる 2015（平成 27）年から 2019（令和元）年を中心に、主たる事項を挙げれば次の如くである。繰り返し確認しておくと、現行学習指導要領（平成 21 年告示）に基づく学習を経験した生徒が大学に入学し始めたのは 2016（平成 28）年 4 月からであり、彼らの高校生活は 2013（平成 25）年に始まっている。

2014.11　文部科学大臣諮問「初等中等教育における教育課程の基準等の在り方について」

2014.12　中央教育審議会答申「新しい時代にふさわしい高大接続の実現に向けた高等学校教育、大学教育、大学入学者選抜の一体的改革について　〜すべての若者が夢や目標を芽吹かせ、未来に花開かせるために〜」

2015.01　文部科学大臣決定「高大接続改革実行プラン」

2015.08　中教審・教育課程企画特別部会「論点整理」

2016.03　高大接続システム改革会議「最終報告」

2016.08　中教審・教育課程部会「国語ワーキンググループにおける審議の取りまとめ」

2016.12　中教審答申「幼稚園、小学校、中学校、高等学校及び特別支援学校の学習指導要領等の改善及び必要な方策等について」

2016.12　国立大学協会「大学入学者選抜試験における記述式問題出題に関する国立大学協会としての考え方」

2017.05　大学入試センター「大学入学共通テスト（仮称）記述式問題モデル問題例」

2017.07　文部科学省「大学入学共通テスト実施方針」

2017.11　平成 29 年度大学入学共通テスト試行調査実施

2018.03 「高等学校学習指導要領」告示
2018.08 「高等学校学習指導要領解説」
2018.11 平成30年度大学入学共通テスト試行調査実施
2019.06 文部科学省「大学入学共通テスト実施大綱」

　2014（平成26）年12月の中教審答申で、新テストの解答方式について「多肢選択方式を原則としつつ、記述式の導入を目指す」ことが述べられると、2016（平成28）年の高大接続システム改革会議「最終報告」も記述式問題の導入を提言した。また国立大学協会もこれに反応し、記述式問題の出題に関する協会としての考え方を公表した。そこでは、新テストの活用を検討することに加え、「大学入学者選抜全体（共通試験・個別試験）を通して、論理的思考力・判断力・表現力等を評価する記述式試験を実施し、高等学校教育と大学教育双方の改革の推進に資する」こと、「すべての国立大学受験生に、個別試験で論理的思考力・判断力・表現力等を評価する 高度な記述式試験を課すことを目指す」ことが述べられてもいた。
　「受験学力」の高い、いわゆる進学校の「国語」の授業が、学習指導要領の改訂よりも大学入試の改革に敏感に反応したと考えることはそれほど的外れではないはずだ。国立大学協会はすべての受験生に「高度な記述式試験」を課す方針を明らかにし、共通テスト試行調査では具体的な記述式問題のイメージが繰り返し示された。記述を重視する授業のあり方について、県レベルで教員研修を進めた例もある。進学希望者を多く抱える高校では具体的な対応を進めたところも少なくないだろう。
　高大接続改革における記述力重視の流れは、文章作成の指導に向かう高校教員——とりわけ進学校の教員の——背中を押した一面があるのではないだろうか。だとすれば、進学校における「書くこと」の指導がこのまま改善の方向に向かうのか否か、その鍵は、高大接続改革のゆくえが握っているように思われる。大学入学共通テストへの記述式問題の導入は見送られたが、この先、各大学の入学者選抜がどう変わる／変わらないのか、注視しておく必要がありそうだ。

　ただし、高校教員の意識の変化と、高校生の学びに対する意識の変化とはひとまず別の話だ。山村 (2019) は、「たしかに、大学入試は、いわゆる進学校を中心として、教育課程編成に影響を及ぼしてきた」「新しい入試が展開すれば、たとえば思考力の育成を重視した教育課程を編成するなどの対応が高校側に生まれてくるだろう」と認めつつ、「学びの主体である高校生たちが、大学入試を意識した学習行動をとらないとなれば、話は別であろう」「いかに高校が大学入試を意識したカリキュラムを提供したとしても、その効果は当の高校生たちの入試への意識次第ということだ」と述べ、大学入試改革が高校生の学習行動に及ぼす影響が限定的であることを指摘する。高校生に「書くこと」の意義や価値を認識させたり、「書くこと」に主体的に取り組ませたりすることは、最終的には授業実践における課題となる。

　また、渡辺・島田 (2019) は、現行学習指導要領が目指す、各教科における「言語活動の充実」によって中学・高校における「書く」学習の機会が増えたか否かを明らかにしようとした。調査の結果は、2015 年以前の大学新入生よりも 2016 年以降の新入生の方が、中学・高校時代に経験した「書く」学習の機会は多かった、という仮説を支持した。その変化と特に強い共変関係にあると推察される教科は、高校の外国語、国語、特別活動であった (第 6 章参照)。高校における「書く」学習の機会増加の背景に、学習指導要領が目指した「言語活動の充実」があっただろうことも見落とせない。

5.2　高校時代の文章作成経験

5.2.1　「国語」の授業以外の場面で

　各教科における「言語活動の充実」に関して、5.1.2 の調査において「国語」の授業以外での文章作成経験 (400 字程度以上のまとまった分量の文章を書いた経験) についても尋ねている。そうした経験があればそれがどのような機会であったかを具体的に書くよう指示した結果、回答に現れた語句には次のようなものがあった (数字は出現回数。n=224)。

・「小論文」101、「模試」47、「対策」19、「論述」14、「過去問」8
・「レポート」42、「論文」5、「課題」9、「研究」7、「探究」2、「SGH」2
・「総合」26、「世界史」12、「日本史」7、「地理」2、「倫理」2、「英語」
　「物理」など 1

「小論文」が半数近くの回答に現れている。また「模試」の多くは「小論
文」と共起した。「過去問」など、大学入試の「対策」として文章作成を経
験したことを窺わせる回答が多いのは予想どおりである。こうした取り組み
を「国語」の授業とは別に行う高校は多いようだ。

　一方で、「レポート」を経験したという学生もいる。「課題研究」や「探究
学習」などの学習活動で、自ら問いを立て、調べて書くことを経験させる高
校は、今や少なくない。

　文部科学省が指定する SSH（スーパーサイエンスハイスクール）や SGH
（スーパーグローバルハイスクール）プログラムにおける探究学習の一環とし
てレポートを書く活動も広く定着しており、実践例を目にする機会も多い。
SSH 事業は 2002（平成 14）年に 26 校が指定を受けて始まった。現行学習指
導要領が告示された 2009（平成 21）年に 106 校（終了 25 校）だった指定校は、
2019（令和元）年には 212 校（終了 62 校）に増えた。また、2014（平成 26）年
に始まった SGH 事業も年々拡大し、2016（平成 28）年には 123 校が指定を
受けた。

　そのほかにも「総合的な学習の時間」や「世界史」「日本史」など「国語」
以外の教科でレポートなどの課題が課されることもあるようだ。もちろんこ
うした取り組みの例は以前から多くあるだろうが、現行学習指導要領が掲げ
た各教科における「言語活動の充実」が、「書く」学習の機会増加につながっ
ているという背景を窺うこともできるだろう。

5.2.2　「レポート」と「小論文」

　一般に「レポート」も「小論文」もその形式は一様ではない。

　特に大学入試において「小論文」と総称される試験の具体的な形式はさま

ざまである。たとえば、与えられた課題文に基づいて意見を述べる形式のほか、図表などの資料を読み取って説明するものや、あるテーマについて自由に論述するものなどもある。島田（2012）は 2001（平成 13）年から 2010（平成22）年までの 10 年で、入試「小論文」における主流の形式が変化した——課題文の全体または一部を「要約」させた後、意見を書かせる形式の問題が増えた——ことを述べた（［図 5-3］参照）。

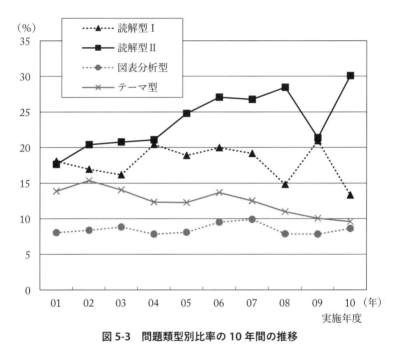

図 5-3　問題類型別比率の 10 年間の推移

課題文の要約・説明を求める設問を含むタイプの「読解型 II」が増加し、2010 年度には30％を超えている。

　また、井下（2014）はレポートの形式を「説明型」「報告型」「実証型」「論証型」の 4 つに大別した。

　「レポート」も「小論文」もその形式は一様ではない。大学の教員は「レポートは小論文とは違う」などと口にしがちだが、そこで想起されているレポートや小論文（の形式）は、学生がイメージするレポートや小論文とは必ず

しも一致していない可能性がある。前節の調査で、高校時代の文章作成の機会として「小論文」や「レポート」があったと回答した学生たちは、その違いをどのように捉えているのだろうか。

T大学の文系教育組織に所属する1年生(n=38)に尋ねてみた。調査は2019年10月、全員が前期末のレポート課題を経験した後で、「小論文とレポートはどう違うか」を自由に記述してもらう形で行った。ちなみに、調査対象の38名のうち18名が「レポート」を、20名が「小論文」を、それぞれ高校時代に書く機会があったと回答していた。

まず、共通点として彼らが挙げるのは、「論理的に書く」「筋道立てて書く」「根拠に基づいて意見を書く」といったところだ。レポートも小論文もその点では共通するという説明は、レポートを初めて書こうとする学生を勇気づけるだろう。

さて、小論文の特徴として彼らが挙げたことの一つに「自分の体験を踏まえて書く」「体験談を交えた当事者としての視点が求められる」がある。与えられた課題文をもとに、その場で意見を述べることを求める出題については、「自分の体験」を「根拠」とすることが、指導の中で推奨されているのだろう。大学教員が学生のレポートを読んで"小論文のようだ"と感じることがあるとすれば、それはこうした特徴への反応かもしれない。また、小論文では「自由に主観を述べられる」という記述も見えるが、それはおそらく「(体験を根拠として)」という条件付きなのだ。また、「最初に賛成・反対の立場を決めて述べる」「構成に暗黙の定型がある」といった記述からも「小論文」指導の在りようが窺えそうだ。

一方、レポートについては「問いの設定などの自由度が高い」「論証が必要なものと報告を求めるものがある」「先行研究を踏まえる」「文献調査等による知識の更新が必要」「エビデンスをもとに客観的に書く」などが挙げられており、その特徴が概ね的確に理解されているといってよい。新入生は、求められているレポートのタイプを理解するところや的確な問いを自ら立てるところに、小論文にはない難しさを感じるだろうが、前者は出題の仕方によって取り除くことができるはずである。また、レポートでは「既習の内容

を理解していることを仄めかす」という指摘は、課題としてのレポートの目的をよく捉えている。

　これらのことから、高校時代に小論文を経験し、大学で初めてレポートを書こうとする新入生に最小限の助言をするならば、自分の体験、既存の知識、与えられた情報だけでなく、自分の外にある客観的な情報を探し出し、それを根拠として意見を述べるように、といった趣旨を伝えることになるだろう。

付記

　本稿は JSPS 科学研究費補助金 JP20K02450, 16H02051 の助成に基づく研究成果の一部である。

注

1　中央教育審議会初等中等教育分科会教育課程部会「国語ワーキンググループにおける審議の取りまとめ」（2016 年 8 月）は、国語科授業の課題として「教材の読み取りが指導の中心になることが多く、国語による主体的な表現等が重視された授業が十分行われていないこと、話合いや論述などの『話すこと・聞くこと』、『書くこと』の領域の学習が十分に行われていないこと」などを指摘する。

2　文部科学省生涯学習政策局青少年教育課「子供の読書活動に関する現状と論点」（2016 年 8 月）子供の読書活動推進に関する有識者会議（第一回）資料

3　教科書には学習指導要領が示す言語活動の例をそのまま、またはそれに近い形で取り上げたものが多い。

4　調査対象校の一つである T 大学に絞った集計（n=874）でも同様に、この 2 項目には向上の傾向が指摘できる（項目 1：3.06 → 3.17、項目 22：2.49 → 2.88）。

5　T 大学に絞った集計（n=160）でも同様の傾向が指摘できる（「0 回」28.8%、「7 回以上」28.9%）。

引用・参考文献

井下千以子(2014)『思考を鍛えるレポート・論文作成法(第2版)』慶應義塾大学出版会

島田康行(2012)『「書ける」大学生に育てる―AO入試現場からの提言』大修館書店

島田康行・渡辺哲司(2018)「教育課程の改訂は高校『国語』の学習に変化をもたらすか―大学新入生に対する調査から」『大学入試研究ジャーナル』28: pp. 81–86. 全国大学入学者選抜研究連絡協議会

渡辺哲司・島田康行(2019)「『言語活動の充実』によって高校までの『書く』学習の機会は増えたか―大学新入生を対象とする定点調査」『大学入試研究ジャーナル』29: pp. 55–60. 全国大学入学者選抜研究連絡協議会

渡辺哲司・島田康行(2017)『ライティングの高大接続―高校・大学で「書くこと」を教える人たちへ』ひつじ書房

山村滋(2019)「高校生の学習行動の構造と大学入試・高大接続改革」山村滋・濱中淳子・立脇洋介『大学入試改革は高校生の学習行動を変えるか』pp. 169–183. ミネルヴァ書房

第6章 「言語活動の充実」によって高校までの「書く」学習の機会は増えたか

渡辺哲司

2016年に日本の大学は、「言語活動の充実」を標榜する現行（2013年から実施された）学習指導要領の下で学んだ人たちを初めて新入生として迎えた。「書く」ことは、もちろん充実されるべき言語活動の一つである。では、彼ら大学新入生たちが高校までに経験した「書く」学習の機会は、それ以前の（「書く」学習機会に恵まれなかった）人たちに比べて多かったのだろうか。

6.1 「書く」学習も充実する、とは限らない

　本調査の目的は、「言語活動の充実」を標榜する現行（2020年現在）の学習指導要領——その英訳語 the Course of Study の頭文字から、以降 CS と略記——によって、中学・高校における「書く」学習の機会が増えたか否かを探ることである。現行 CS は、高校では2013（平成25）年、中学校では2012（同24）年から全面実施され、その下で高校3年間（と中学3年次）の教育を受けた人たちが、2016年に初めて大学へと進学した。

　「書く」学習は、現在、いわゆる高大接続の主要課題の一つである。ここで「書く」とは、もっぱら事実を伝達し、意見を論述するような文章、すなわち大学におけるレポートや中学・高校における意見文、説明文、小論文などの作成をいう。現在、日本の大学の初年次教育ではレポートの書き方指導が盛んに行われ（文部科学省 2019: 14）、同じく入試では論述型の（書く）試験が改めて注目されている（中央教育審議会 2014: 12–13）。それらの背景要因の一つは、特に高校における「書く」学習の乏しさである。2010年代の日本の高校における「書く」学習は、その機会が絶対的に少なく（渡辺・島田 2017）、また小・中学校に比べても不振（木村 2016）であったようだ。

　「言語活動の充実」によって高校までの「書く」学習の機会は増えると期待される一方、その期待の実現には疑問ももたれる。なぜなら、いわゆる言語活動の中で「書く」学習は必ずしも主役ではないからだ。例えば、文部科学省編集の指導資料『言語活動の充実に関する指導事例集』の中に多く現れる活動は、集団で行う意見交流や口頭発表など（渡辺 2014）。よって、その種の活動こそが教室において真っ先に充実される、との予想も成り立つ。また「書く」学習は個人的に遂行することの多い活動であり、教室で集団的に遂行することが難しい。さらに、文章の作成や指導・評価に要する時間は長く、労力は大きい。それらのことから、あえて悲観的な予想をするならば、言語活動の中でも「書く」こと（だけ）は充実の対象から漏れてしまう可能性もある。

　そのような疑問への答えを探る好機が、2016 年であった。現行 CS 下で教育を受けて 2016 年以降に高校を卒業し、大学へ入学した人たちが、言語の学習に関してその前年までの入学者たちと異なる特徴を示した場合、それを「言語活動の充実」の効果の表れと解釈することもできる。

　そこで筆者らは、国内の複数の大学で、2016 年以降の新入生を対象に「書く」こと等の言語活動に関する中学・高校時代の学習経験を調べ、その前年までの新入生と比べる定点調査を企てた。2015 年以前のデータを基線とし、そのうえに同一地点で 2016 年以降に得られたデータを重ねれば、いわゆる定点調査となる。定点調査の強みは、ある事象の経時的な変化を、その事象に関連する他（時間以外）の要因を統制したうえで測れる点にある。本調査では、2015 年以前の新入生たちよりも 2016 年以降の新入生たちの方が中学・高校時代に経験した「書く」学習の機会は多かった——との仮説を立てた。

　なお、本調査は前作（渡辺・島田 2017: 59–67）の中ですでに公表したデータを、更新（増補）するものである。具体的には、より新しい（現行 CS 実施後の）データを追加することによって、現行 CS 実施の前と後との間で、ほぼ等量の比較をすることが可能になった。また、中学・高校の教科と「書く」学習との関連についても新たな分析をすることができた。

6.2　何をどのように調べたか

6.2.1　新入生に、2016 年春をまたいで尋ねる

　データは、国内 7 大学の 2013 − 2018 年の新入生たちを対象として、質問紙によって集められた。それらの大学はいずれも、いわゆる受験学力の比較的高い学生が集まる総合大学（うち国立が 6、私立が 1）であるため、回答者は総じていわゆる進学校の出身者である。主な調査場所・機会は、いわゆる一般教育科目の授業。質問紙は無記名式で、配布の際には、当該授業の担当教員等を通じて調査の目的や回答の要領、また回答が義務でないこと等を説明した。また、同一地点内では毎年の場所・機会をなるべく同じ（同一の科目など）にして、回答者の属性（所属学部、文・理の系など）が大きく変わらないようにした。

　回答者の中から分析対象を絞り込む手続きを［図 6-1］に示す。その手続きの前提として、同一質問紙で各人の出身高校の所在地（都道府県もしくは外国）や学科（普通、総合、専門などの別）、高校卒業年を尋ねた。そのうえで、まずは、外国学校や高等専門学校（高専）の卒業者、高等学校卒業程度認定試験（高卒認定）による入学者など 34 人を除外した（調査の焦点を、日本国内の中学・高校における学習活動に絞るため）。次に、2016 年以降の入学者

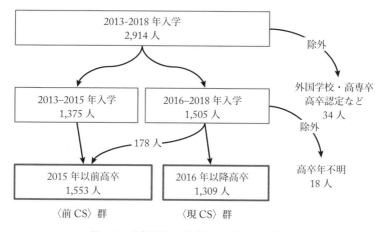

図 6-1　分析対象の絞り込み手続きと群分け

のうち、高校卒業年が 2015 年以前である 178 人を分離して 2015 年以前の入学者たちと同一の群に入れるとともに、高校卒業年が不明である 18 人を除外した。そのようにして現行 CS 全面実施の前と後（それぞれ〈前 CS〉群と〈現 CS〉群、後述）の峻別を図った。

　以上の手続きを経て、分析対象を 2,862 人に絞り込んだ。［表 6-1］には、調査の地点（大学の所在地方）、場所・機会、実施年別の対象者数を示す。これ以降、実施年が「2013」「2014」「2015」「2016a」「2017a」「2018a」（高校卒業年が 2015 年以前）である計 1,553 人を〈前 CS〉群と呼び、同じく実施年が「2016b」「2017b」「2018b」（高校卒業年が 2016 年以降）である計 1,309人を〈現 CS〉群と呼ぶ（［図 6-1］）。

表 6-1　調査の地点，場所・機会，実施年別の対象者数

地点	場所・機会	実施年									計
		2013	2014	2015	2016a	2016b	2017a	2017b	2018a	2018b	
A（北海道）	授業	29	24	22	5	11	3	31		10	135
B（関東）	入学手続 / 授業	166	127	166	20	143	5	151	7	212	997
C（関東）	授業	89	131	78	16	56	1	85			456
D（中部）	授業	57	56	71	9	35	5	47			280
E（中部）	授業	88				43	128				259
F（近畿）	授業	91		43	6	50	4	59		41	294
G（九州）	授業			137	44	96	10	154			441
計		520	338	517	143	519	28	527	7	263	2,862

値は人数（人）。実施年の「-a」と「-b」は、高校卒業年がそれぞれ 2015 年以前と 2016年以降であることを示す（本文 6.2.1 を参照）。

6.2.2　質問には「書く」こと以外も含めて

　質問を［表 6-2］に示す。回答者には、中段に列挙された 7 項目それぞれについて「2：よくあった」「1：少しあった」「0：なかった」という 3 つの選択肢の中から 1 つを選ぶよう求めた。それら 7 項目は本調査のオリジナルだが、その基礎は、文部科学省編『言語活動の充実に関する指導事例集』を分析した渡辺（2014）の報告にある。その報告では、実際の指導事例に即して、活動は集団的か単独か、発表は口頭か文章か、課題探究的であるか否か、等を分析の視点とした。なお、以後文中の説明には各項目の右端カッコ

内に示す略記を使う。

表 6-2　質問

次にあげる学習活動を、中学・高校時代の各教科の学習の中で経験する機会はどのくらいありましたか？それぞれについて、「2：よくあった」「1：少しあった」「0：なかった」の3つの中から選んで数字に○をつけてください。また、回答が「2」または「1」の場合、その最も印象に残っている教科を下のA～Xの中から3つまで選んでください。
1.仲間と協力して、あるテーマについて探究すること　　　　　　　　　　　　　［仲間と探究］
2.仲間と協力して、探究の成果を発表すること　　　　　　　　　　　　　　　　［仲間と発表］
3.主に一人の力で、あるテーマについて探究すること　　　　　　　　　　　　　［一人で探究］
4.主に一人の力で、探究の成果を発表すること　　　　　　　　　　　　　　　　［一人で発表］
5.大きなテーマのもと、具体的な探究のテーマを自分（たち）で考えて設定すること［テーマを設定］
6.口頭発表（いわゆるプレゼン）の方法を学習すること　　　　　　　　　　　　［プレゼン学習］
7.意見文や説明文を書く方法を学習すること　　　　　　　　　　　　　　　　　［文章学習］
【中学】A 国語　B 社会　C 数学　D 理科　E 音楽　F 美術　G 保健体育　H 技術家庭　I 外国語　　　　J 道徳　K 総合的な学習の時間　L 特別活動 【高校】M 国語　N 地歴・公民　O 数学　P 理科　Q 保健体育　R 芸術　S 外国語　T 家庭　U 情報　　　　V 総合的な学習の時間　W 特別活動　X 専門教科（農業・工業・商業・水産など）

　各項目への回答が「2：よくあった」または「1：少しあった」である場合は、同じく［表6-2］の下段に示す24教科(厳密に言えば教科ではない「総合的な学習の時間」等も含めて、中学・高校にそれぞれ12ずつ)の中から「最も印象に残っている」ものを3つまで選ぶよう求めた。

　なお、本章の分析では、分析の焦点を項目7「意見文や説明文を書く方法を学習すること」(文章学習)に絞り、その他の6項目は補足的なものと位置付ける。

　以上に加え、同一質問紙の中で、高校における所属クラスの文・理の系を尋ねた。文・理の系は、大学新入生の場合、いわゆる文系・理系に2大別される大学入試科目の組み合わせパターンのうち、いずれに準拠して高校(大学受験)期の学習をしてきたかを主に意味する。それが中学・高校時代の「書く」学習と関連することを、筆者らはこれまで繰り返し報告・指摘してきた(渡辺・島田 2017)。

6.2.3　分析は統計的に

　項目 7 および他の 6 項目への回答と CS との間に関連がある（回答の分布が〈前 CS〉群と〈現 CS〉群との間で異なる）か否かを、回答（3 択）×群（2 つ）のクロス集計に基づくカイ二乗検定（自由度 2、危険率 5％未満）により検討した。そこで有意な関連が認められた場合、さらに残差分析——クロス集計表の各セルについて調整済み標準化残差（d）を求め、その絶対値 |d| が 1.96 を超える（標準正規分布の両側確率が 5％未満）か否かの検討——を行った。

6.3　どんな結果が得られたか

6.3.1　項目 7（文章学習）への回答

　［図 6-2］に、項目 7 ［文章学習］への回答の分布を示す。回答と CS との間には統計上有意な関連があり（χ^2=10.459、p=0.005）、左の〈前 CS〉群に比べて右の〈現 CS〉群では「2：よくあった」が 4.6 ポイント多かった（|d|=3.22、p=0.001）。

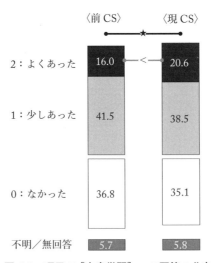

図 6-2　項目 7 ［文章学習］への回答の分布

値は百分率（％）。★は回答の分布が、不等号は特定の回答（選択肢）の割合が、それぞれ比較 2 群の間で有意に異なることを示す。

［図 6-3］には、項目 7［文章学習］への回答の分布を、文・理の 2 系に分けて示す。両系とも CS との間に有意な関連は認められなかった（文系で p=0.091；理系で p=0.056）。一方、同一群内で文・理の両系を比べたところ、〈前 CS〉群内でのみ、回答と文・理の系別との間に有意な関連（χ^2=6.796、p=0.033）が認められ、文系よりも理系の方で「2：よくあった」が 4.8 ポイント少なかった（|d|=2.45、p=0.014）。

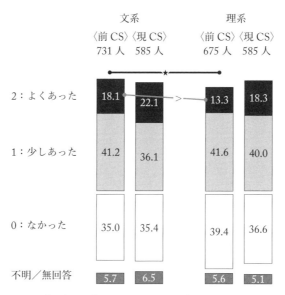

図 6-3 項目 7［文章学習］への回答の分布（文・理の 2 系に分けた場合）
表記は［図 6-2］に準拠。

6.3.2 最も印象に残っている教科

［表 6-3］の左 2 列に、項目 7［文章学習］について「2：よくあった」「1：少しあった」と回答した人のうち比較的多数（10％以上）が「最も印象に残っている」として選んだ教科を、選んだ人数の降順に示す。〈前 CS〉群、〈現 CS〉群のいずれでも圧倒的な 1 位と 2 位は高校と中学の国語であり、3 位は高校の総合的な学習の時間（総合学習）であった。そこまでの "顔ぶれ" と順位に差はないが、それ以降、〈前 CS〉群では 4 位であった中学の総合学

習が〈現 CS〉群では 6 位になり、代わって〈現 CS〉群では高校の外国語
と特別活動がそれぞれ 4 位と 5 位になった。

表 6-3　「最も印象に残っている教科」とその変動

〈前 CS〉		〈現 CS〉		変動	
高・国語	45.6	高・国語	49.9	高・外国語	+5.0
中・国語	43.2	中・国語	45.5	高・国語	+4.2
高・総合学習	16.3	高・総合学習	17.3	高・特別活動	+4.2
中・総合学習	11.2	高・外国語	12.8	中・国語	+2.3
		高・特別活動	12.3		
		中・総合学習	10.6	（他は± 1.5 以内）	

数字は百分率（%）。算出法は本文 6.2.2、6.3.2 を参照。高校を「高」、中学校を「中」、総
合的な学習の時間を「総合学習」とそれぞれ略記。

　［表 6-3］の右列には〈前 CS〉群から〈現 CS〉群への変動（差）が特に大
きかった 4 教科を示す。最大の増加（＋ 5.0 ポイント）を示したのは高校の外
国語であり、それに次いで大きく増加（＋ 4.2 ポイント）したのは高校の国語
と特別活動であった（その他ほとんどの教科は± 1.5 ポイント以内）。
　［表 6-4］には〈前 CS〉群から〈現 CS〉群への変動が特に大きかった教
科を、文・理の 2 系に分けて示す。両系の間で上位 3 つの"顔ぶれ"は同じ
だが、順位は異なる。すなわち、高校の国語が文系では 1 位（＋ 6.1 ポイント）
であるが理系では 3 位（＋ 3.4 ポイント）、逆に高校の特別活動は文系では 3
位（＋ 3.9 ポイント）であるが理系では 1 位（＋ 5.9 ポイント）となった。高校
の外国語は、文系・理系のいずれでも 2 位であった。また、文系では高校の

表 6-4　「最も印象に残っている教科」の変動（文・理の 2 系に分けた場合）

文系		理系	
高・国語	+6.1	高・特別活動	+5.9
高・外国語	+4.5	高・外国語	+5.2
高・特別活動	+3.9	高・国語	+3.4
高・総合学習	+3.8		
高・情報	-2.3		
（他は -1.4 ～ +1.2）		（他は -1.6 ～ +1.1）	

表記は［表 6-3］に準拠。

総合学習も比較的大きく増加した（＋ 3.8 ポイント）。

6.3.3　他の項目への回答

　項目 7 ［文章学習］を除く 6 つの項目（［表 6-2］中段）のうち 5 つでは、回答と CS との間に有意な関連が認められ、そのうち項目 1 ［仲間と探究］、同 2 ［仲間と発表］、同 6 ［プレゼン学習］の 3 つでは、項目 7（［図 6-2］）とほぼ同じ傾向が、より鮮明に見られた（［図 6-4］）。すなわち、それら 3 項目では〈前 CS〉群よりも〈現 CS〉群の方で「2：よくあった」が 7.4 － 8.1 ポイント多く（|d| は 4.59 － 5.02）、「0：なかった」が 4.3 － 6.0 ポイント少なかった（|d| は 2.69 － 3.73）。

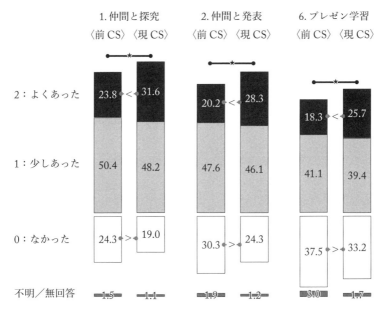

図6-4　項目 1 ［仲間と探究］、同 2 ［仲間と発表］、同 6 ［プレゼン学習］への回答の分布
表記は［図 6-2］に準拠。

6.4　結果からわかること

6.4.1　「書く」学習の機会増加

　結果は、2015 年以前の新入生たちよりも 2016 年以降の新入生たちの方が中学・高校時代に経験した「書く」学習の機会は多かった——という仮説を支持する。［図 6-2］を見ると、項目 7［文章学習］への回答は〈前 CS〉群よりも〈現 CS〉群の方で、全体的に上方（「あった」側）に分布している。

　そのような結果（変化）は、中学・高校だけでなく小学校をも含む初等中等教育全体の変化と同調するものであろう。平成 31 年度（令和元年度）全国学力・学習状況調査（文部科学省・国立教育政策研究所 2019: 68–71）では、小・中学校の国語科で「書く習慣を付ける授業を行ったと回答している学校の割合」が、現行 CS の実施以降、年ごとに微増を続けている。つまり「書く」学習は、少なくとも小・中学校の国語科で、従来よりも盛んになりつつあると推察できる。

　もっとも、特に高校については、そのような変化を単純に「言語活動の充実」によるものと言い切ることもできない。詳しくは 6.4.4 で後述する。

6.4.2　文・理の差が縮小・消失する可能性

　結果は、これまで「書く」学習の量（機会の多寡）について文・理両系の間にあった差（理系の方でより少ない傾向）が経年的に縮小・消失しつつある可能性を示唆する。［図 6-3］では、項目 7 への回答と文・理の系別との有意な関連は〈前 CS〉群だけに見られ、〈現 CS〉群（$p=0.192$）には見られない。

　筆者らは従来、高校における「理系」型学習と「書く」学習との負の相関関係をしばしば捉え、指摘してきた（渡辺・島田 2017）が、そのような状況認識は修正されるべきかもしれない。

6.4.3　高校外国語が貢献した可能性

　中学・高校における「書く」学習の機会が増えた——という結果の背景（機序）を探るための手がかりの一つが「最も印象に残っている教科」である。

あくまでも印象ゆえ、各教科でどれほど「書く」学習が行われたかまでは掴めないが、もとより行われなかったものが印象に残るはずもないため、ある程度の参考にはなるはずだ。

　［表6-3］の左2列を見ると、やはり総じて「書く」学習との関わりが最も強いのは国語のようだが、それを理由に国語こそが「書く」学習の機会を増やした"功労者"だと言うことはできない。注目すべきは〈前CS〉群から〈現CS〉群への変動が大きい教科である。実際、その変動が最も大きいのは、高校の外国語、次いで高校の国語と特別活動であった（［表6-3］右列）。

　中でも、高校の外国語が「書く」学習機会の増加に貢献した可能性は高い。［表6-3］右列の内容を、［表6-4］でさらに文・理の系に分けて見ると、上記3つの教科のうち国語と特別活動は順位・変動の大きさとも異なる（文系では国語が、理系では特別活動がそれぞれ1位で、増加も著しい）一方、外国語の順位は同じ（文・理とも2位）で、変動の大きさも同程度。つまり、文・理の系別によらず「書く」学習の機会と最も確かな共変関係を示す教科は、高校の外国語だと言える。

　ちなみに、高校の外国語における「書く」学習の機会としては、いわゆる英作文などが挙げられよう。実際、高校の英語教科書は、過去30年ほどの間に、文章の基本単位であるパラグラフとそれに基づく作文法などを教示する内容が、より多く記載されるように変わってきた（渡辺 2017）。

6.4.4　大学入試改革と関連する可能性

　先述の（6.4.1で述べた）ように、「書く」学習機会の増加は「言語活動の充実」によるものだ――と単純に言い切れるとも限らない。なぜなら、現行CSの実施とほぼ同時期に、大学入試を論述型・記述式（「書く」ことを重視するもの）へと改める動きが本格化し始めたからである（第8章を参照）。高校教育は、大学入試のありようにも強く規定される。

　論述型・記述式の入試問題としてよく話題になる教科は国語と数学だが、それ以外の教科・科目も無縁ではない。例えば英語では、「読む」「聞く」（これまで入試で主に測定・評価されてきた2つの技能）の他に「話す」「書く」

を加えた「四技能」を総合的に測定・評価するような出題が、あるいは「四技能」を測定・評価する民間の資格・検定試験の活用が、公に検討され（中央教育審議会 2014: 11–17）、入試関係者、とりわけ高校の英語教師たちの関心を集めてきた。

　つまり、具体化に向けて進行中であった大学入試改革がいち早く、「言語活動の充実」とは別個に、高校における「書く」学習を刺激した可能性があるわけだ。第8章で見るように、2021年の大学入学共通テストでの記述式問題の導入は、実施の約1年前という“ほぼ土壇場”になって急遽見送られたが、そのことが高校における「書く」学習の衰退（後戻り）につながらないかどうか、今後は（念のため）注視すべきかもしれない。

6.4.5　集団的活動や口頭発表との比較

　［図6-4］に示す3項目の変化は、傾向としては［図6-2］の項目7［文章学習］と似ているが、大きさ・鮮明さの点では項目7を凌ぐ。両図から群間の差（変化の大きさ）を読み取ると、「2：よくあった」の増加分（百分率の差、以下同じ）は、項目1、2、6ではどれも7ポイント以上なのに対し、項目7では4.6ポイント。加えて「0：なかった」の有意な減少は項目1、2、6の方にしか見られない。

　それら3項目の意味を考えると、教室で真っ先に充実される言語活動は集団的活動や口頭発表——という前述（6.1）の予想も支持されよう。項目1と2は集団的活動に、項目2と6は口頭発表に、それぞれ該当・関連する。つまり、それらの項目が意味するような活動に、これまでのところは最もよく「言語活動の充実」の効果が表れているようなのだ。

　それでも「書く」こと（だけ）は充実の対象から漏れてしまう——という悲観的な予想（6.1）が覆されたことの意義は、確かにあると言えよう。

6.4.6　調査の意義、強み、限界

　本調査の意義は、今日いわゆる高大接続（特に大学の入試および初年次教育）の主要課題の一つである「書く」ことについて、中等教育の変革と絡め

た類例のないデータを提示していることだ。高校までの「書く」学習は、大学における学習一般の支えであるにも関わらず、これまで総じて不振だった。そのため「言語活動の充実」による"テコ入れ"が特に期待されるわけだが、その期待を現実と照合させられるようなデータは、筆者の知る限り、これまで公には存在しない。そんな中、本調査のように今まさに高・大の移行期にいる人たちを観察し続けたデータには固有の意義がある。

　本調査の強みは、いわゆる定点調査によって実現した、あるていど厳密な比較である。一般に、厳密な比較のためには、効果を調べたい要因だけを残し、他の要因すべてを可能な限り統制しなくてはならない。本調査では、CS 改訂の効果を調べるために、調査地点を固定し、かつ同一地点内でも回答者の属性をなるべく一定に保った。それによって、中学・高校時代の学習経験に差を生じさせ得る要因のいくつか（例えば、教育の地域的慣習やいわゆる受験学力のばらつき）が統制されている。よって、理論的には CS 改訂の効果をかなりクリアに捉えられるわけだ。

　本調査の最も大きな限界は、結果の一般性（結果が現在日本の大学新入生の全体にどれほど当てはまるか、という点）にある。特に、すべての調査地点がいわゆる受験学力の比較的高い学生の集まる大学であることから、データ収集が母集団（＝現在日本の大学新入生の全体）を代表するように行われたとは言えない。結果を適用する範囲と程度は、慎重に判断しなければならない。

引用・参考文献

渡辺哲司・島田康行 (2017)『ライティングの高大接続―高校・大学で「書くこと」を教える人たちへ』ひつじ書房

渡辺哲司 (2017)「なぜ大学で『パラグラフ』を教えなければならないか」『ライティングの高大接続―高校・大学で「書くこと」を教える人たちへ』pp.163–179. ひつじ書房

渡辺哲司 (2014)「近未来の大学生は日本の学校でどのようなライティング指導を

受けてくるか―『言語活動の充実に関する指導事例集』にもとづく予想」『大学入試研究ジャーナル』24: pp. 1–6. 全国大学入学者選抜研究連絡協議会

中央教育審議会（2014）『新しい時代にふさわしい高大接続の実現に向けた高等学校教育、大学教育、大学入学者選抜の一体的改革について』
<http://www.mext.go.jp/b_menu/shingi/chukyo/chukyo0/toushin/__icsFiles/afieldfile/2015/01/14/1354191.pdf> 2019.11.18

木村治生（2016）「小学校・中学校・高校における『アクティブ・ラーニング』の効果と課題」『第 5 回学習基本調査報告書 2015』pp. 44–51. ベネッセ教育総合研究所 .
<https://berd.benesse.jp/up_images/research/06_chp0_4.pdf> 2019.11.18

文部科学省（2019）『平成 28 年度の大学における教育内容等の改革状況について』
<http://www.mext.go.jp/a_menu/koutou/daigaku/04052801/__icsFiles/afieldfile/2019/05/28/1417336_001.pdf> 2019.11.18

文部科学省・国立教育政策研究所（2019）『平成 31 年度（令和元年度）全国学力・学習状況調査報告書：質問紙調査』
<https://www.nier.go.jp/19chousakekkahoukoku/report/data/19qn.pdf> 2019.11.18

第7章　知っておきたい高校「国語」改革—新しい学習指導要領を読む

島田康行

2018（平成30）年、高等学校学習指導要領が告示された。必履修科目、選択科目の設定も大幅に見直された今回の改訂は、「新しい時代にふさわしい高大接続の実現に向けた高等学校教育、大学教育、大学入学者選抜の一体的改革」（2016年 中央教育審議会答申）の一角を担うものと位置づけられる。この新しい高校「国語」には、大学への接続を強く意識した内容が少なからずある。そこでは何が目指されているのか、今までの「国語」とどう違うのか、ライティング指導の効果を上げるためにぜひ確認しておきたい。

7.1　「接続」という観点

　大学におけるライティング指導を構想するうえで、高校までに学習する教科「国語」の内容をある程度知っておくことは必須だろう。ここではその教育課程を定める高等学校学習指導要領について概観しておく。

　2016（平成28）年12月の中央教育審議会答申を踏まえて、2017（平成29）年3月に小・中学校の学習指導要領が、2018（平成30）年3月には高校の学習指導要領が告示された（5.1.3 参照）。これに基づく高校教育が開始されるのは2022（令和4）年度、その第1期生が大学に入学するのは2025（令和7）年度以降となる。今回の改訂は2008（平成20）年以来となり、従来のペースだと次の改訂は2028（令和10）年ごろになると予想される。

　今回の改訂の特徴について、文部科学省の大滝一登視学官は次のように指摘する。

　　この改訂が単に高等学校教育自身の視点からのリニューアルを目指す

ものではなく、いわゆる高大接続改革の一環として位置付けられている
ことから、義務教育と大学教育を「つなぐ」役割としての高等学校教育
の在り方が強く求められているということである。これまで概して、義
務教育の実態に疎く、かつ、大学教育自体よりも大学入学者選抜に意識
を集中してきた高等学校教育の課題の改善を根底から迫る改訂となって
いると言える。（大滝 2018: 8）

　これまでの高校教育が、概して義務教育の実態に疎かったという指摘は興
味深い。そして、新しい高校教育が義務教育と大学教育を「つなぐ」役割を
強く求められているという指摘に注目したい。新しい高校国語は義務教育を
具体的にどのように受け止め、社会生活や大学での学びにどのようにつなご
うとしているのか。以下、「接続」を一つの観点として学習指導要領の記述
を概観し、新しい高校国語の目指すところを探ってみる。

7.2　教科「国語」の目標

　高等学校学習指導要領（平成 30 年告示）は、教科「国語」の目標を次のよ
うに定めている。

　　言葉による見方・考え方を働かせ、言語活動を通して、国語で的確に
　理解し効果的に表現する資質・能力を次のとおり育成することを目指
　す。

　小・中学校の「国語」の目標もこれとほぼ変わらないのだが、下線部（筆
者による。以下同じ）がそれぞれ「正確に」理解し「適切に」表現する、となっ
ており、小・中・高校での系統化が図られている。
　高校において「的確に」理解するとは、他者の言葉を文脈や状況、背景な
どを適切に踏まえて、その内容や意図を推し量って解釈することと捉えてよ
い。「効果的」に表現するとは、目的や場に応じて、たとえば相手がより理

解しやすく、納得しやすいように表現するなど、目的がより円滑に、より高度に達成できるような言葉の運用を工夫することだ。「表現」には、語の選択、言い回しや修辞法、文の構成、文章の構造、文種や媒体の選択などさまざまなレベルのものが含まれることは言うまでもない。なお、「言葉による見方・考え方」についてここで詳述することは控えておく[1]。

　教科の目標は次のように続く。

　　(1) 生涯にわたる社会生活に必要な国語について、その特質を理解し適切に使うことができるようにする。
　　(2) 生涯にわたる社会生活における他者との関わりの中で伝え合う力を高め、思考力や想像力を伸ばす。
　　(3) 言葉のもつ価値への認識を深めるとともに、言語感覚を磨き、我が国の言語文化の担い手としての自覚をもち、生涯にわたり国語を尊重してその能力の向上を図る態度を養う。

　これらも小・中学校の教科の目標との一貫性を保ちながら目標が設定されている。(1) (2) の下線部は、小学校では「日常生活」、中学校では「社会生活」とある。「日常生活」から「社会生活」へ、そして「生涯にわたる社会生活」へと範囲が拡大されている。「日常生活」から「社会生活」への範囲の拡大は、いわば横方向への拡大であり、「社会生活」から「生涯にわたる社会生活」への拡大は、時間軸に沿って縦方向にその範囲を広げたものだ。もちろん時間とともに、実社会で関わる他者の範囲も広がっていくことが想定される。生涯にわたって言葉を磨き、言葉によって実社会を生き抜いていく。それを可能にする力を付けることが、高校「国語」の大きな目標の一つとなっていることがわかる。

7.3　新しい科目で学ぶ「論理」

　今回の改訂で高校「国語」の科目構成は一新され、次の 2 つの必履修科目

と4つの選択科目が設定された。

　　　必履修科目：「現代の国語」「言語文化」（各2単位）
　　　選択科目　：「論理国語」「文学国語」「古典探究」「国語表現」（各4単位）

　これら6つの科目は、科目の目標における共通の記述を観点として、2つの系統に整理して捉えることができる。

　　○「現代の国語」「論理国語」「国語表現」
　　　実社会に必要な国語の知識や技能を身に付けるようにする
　　○「言語文化」「文学国語」「古典探究」
　　　生涯にわたる社会生活に必要な国語の知識や技能を身に付けるとともに、我が国の（伝統的な）言語文化に対する理解を深めることができるようにする

　「現代の国語」「論理国語」「国語表現」の科目群の目標に現れる「実社会」という語句が目を引く。「実社会に必要な国語の知識や技能」とは何か、それをどのように指導していくのか、各科目の指導の中で問われることになる。
　一方、「言語文化」「文学国語」「古典探究」の科目群の目標においては、「言語文化（古典探究では「伝統的な言語文化」）に対する理解を深める」という記述が共通する。
　また、必履修科目の「現代の国語」と「言語文化」の目標にも共通の記述を見出すことができる。中学校第3学年の目標を並べて示せば次のとおりである（異同の箇所に下線を施す）。

　　○「現代の国語」「言語文化」
　　　論理的に考える力や深く共感したり豊かに想像したりする力を伸ばし、他者との関わりの中で伝え合う力を高め、自分の思いや考えを広

げたり深めたりすることができるようにする。
○ 中学校第 3 学年「国語」
　　論理的に考える力や深く共感したり豊かに想像したりする力を養
い、社会生活における人との関わりの中で伝え合う力を高め、自分の
思いや考えを広げたり深めたりすることができるようにする。

　冒頭の「論理的に考える力」という表現は、実は中学校第 2 学年の目標に
初めて現れている。それ以前の目標には「筋道立てて考える力」という語句
がある。
　「論理的な思考・表現力の重視」というフレーズは、今回の教育課程改定
の方向を特徴づけるものとして目にすることも多い。この学習指導要領が告
示されるや、「論理」と「文学」とを分ける科目設定は見識を欠いていると
か、実用重視・文学軽視の教育課程だといった批判が相次いだ。その当否は
さておき、以下には「現代の国語」と「論理国語」が育成しようとする「実
社会に必要な国語の知識や技能」や「論理的に考える力」の中身について少
し確認しておく。

7.3.1　必履修科目「現代の国語」

　「現代の国語」は「実社会、実生活に生きて働く国語の能力を育成する科
目」として設計され、たとえば次のような「言語による諸活動」に必要とな
る力を育成することとされている。

　　目的に応じて多様な資料を収集・解釈し、根拠に基づいて論述する活動
　　根拠を持って議論し互いの立場や意見を認めながら集団としての結論を
　　まとめる活動

　高校生にはまず、このような活動が、生涯をよりよく生きるために大切な
のだと、その意義を認めるところから始めることが必要かもしれない。それ
を実感させるような例は、高校生の身の回りにもすぐに見つけられるはずだ。

　科目の内容の「話すこと・聞くこと」の指導事項には次の1項がある。

　　オ　論点を共有し、考えを広げたり深めたりしながら、話合いの目的、
　　　　種類、状況に応じて、表現や進行など話合いの仕方や結論の出し方
　　　　を工夫すること。

「論点」という概念を理解することは、話合いを成立させるうえで不可欠
であるが、これまでの「国語」指導においては必ずしも明確な位置づけをも
たなかった。「論点」の意味が理解されてはじめて、反論とは何か、反論に
なっていないとはどういうことかも理解できるはずだ。意見を述べる学習の
中ではしばしば「反論を想定し、それに対する回答を準備すること」といっ
た指導がなされるが、そもそも「反論」とは何か——「反論」であるために
はどのような条件を満たすことが必要か——が明確にされないまま学習が進
められることも、これまでには少なくなかった。
　また「書くこと」の指導事項には次の1項がある。

　　ア　目的や意図に応じて、実社会の中から適切な題材を決め、集めた情
　　　　報の妥当性や信頼性を吟味して、伝えたいことを明確にすること。

　情報の信頼性を吟味したり、主張を支える根拠としての妥当性を検討した
りするのは、いわゆる「批判的な思考」の要素である。高校生にとって、そ
の重要性は、主体的な、たとえば探究的な学習の場面で強く実感されるだろ
う。
　この「批判的な思考」については、今回の学習指導要領改訂をめぐる議論
の中でしばしば言及され、中学校第3学年「読むこと」の指導事項に「イ
文章を批判的に読みながら、文章に表れているものの見方や考え方について
考えること」として「批判的に」という語句が初めて現れるところとなっ
た。「中学校学習指導要領（平成29年告示）解説 国語編」の該当箇所には次
のようにある。

　　文章を批判的に読むとは、文章に書かれていることをそのまま受け入れるのではなく、文章を対象化して、吟味したり検討したりしながら読むことである。

　　説明的な文章では、例えば、文章中で述べられている主張と根拠との関係が適切か、根拠は確かなものであるかどうかなど、述べられている内容の信頼性や客観性を吟味しながら読むことが求められる。

　「現代の国語」においては中学校でのこのような学習を踏まえて学ぶことになる。さらに選択科目「論理国語」では科目の目標のほか「書くこと」「読むこと」の指導事項にもそれぞれ一度ずつ「批判的」という語が現れる。大学における探究的な学びへの接続を意識し、批判的に読み、書くことの指導のいっそうの充実が目指されていると言える。

　また、新しい枠組みの「知識及び技能」には「情報の扱い方に関する事項」が設けられ、そこに次の1項がある。

　　ア　主張と論拠など情報と情報との関係について理解すること。

　「論拠」は「主張がなぜ成り立つかを説明するための根拠と理由付けのこと」と説明されている。近年、義務教育においては、主張、根拠、理由付けの三者の関係を的確に捉えようとする学習が、「三角ロジック」などの名称で、急速に広まっている。こうした学習を経験して高校に入学する生徒たちが年々多くなるはずだ。

　高校ではその理解を着実なものにすることになる。同じ根拠に基づきながら、理由付けの仕方によっては正反対の主張さえ導かれ得るという構造を理解し、その筋道を吟味する力は、まさに「実社会、実生活に生きて働く国語の能力」の一つだろう。

　また、「情報の整理」の指導事項に、「推論の仕方を理解し使うこと」が掲げられている点も大きな特徴である。演繹的な推論と演繹的でない推論（帰納、類推、仮説形成など）について、実際に使いながら理解を深めることが

目指されている。

　ちなみに「現代の国語」には年間約70単位時間が当てられるが、そのう
ち「話すこと・聞くこと」には20～30単位時間程度が、「書くこと」には
30～40単位時間程度が配当されている。このように各領域に配当する単位
時間を明示したのも新しい学習指導要領の特徴だ。これに対して「読むこ
と」に配当する時間は10～20時間程度。この科目がどのような学習に重
点を置いているかは明らかだ（[表7-1]）。

表7-1　新しい科目の構成と領域ごとの授業時数

	科目名	単位数	話すこと・聞くこと	書くこと	読むこと
必履修	現代の国語	2	20～30	30～40	10～20
必履修	言語文化	2	—	5～10	古典40～45 近代以降20
選択	論理国語	4	—	50～60	80～90
選択	文学国語	4	—	30～40	100～110
選択	国語表現	4	40～50	90～100	—
選択	古典探究	4	—	—	○

＊古典探究には「読むこと」の領域のみが設定されている。

　一方、もう1つの必履修科目「言語文化」では年間のおよそ70単位時間
のうち60～65単位時間が「読むこと」に配当され、必履修科目全体の中
で「読むこと」に当てる時間はこれまでどおり確保されている。

7.3.2　選択科目「論理国語」

　この科目の目標には次のようにある。

　　論理的、批判的に考える力を伸ばすとともに、創造的に考える力を養
　　い、他者との関わりの中で伝え合う力を高め、自分の思いや考えを広げ
　　たり深めたりすることができるようにする。

「論理的」に考える力と並んで「批判的に考える力」の育成が目標として

明示されている。主張の根拠や論拠を吟味、検討する力の育成は、中学校からの一貫した流れと言える。こうしたプロセスによって新たな考えを創出していく力は探求的な学習の基礎でもある。

　この「批判的に考える力」に関しては、次のように指導事項に具体化されている。

　　「読むこと」ウ　主張を支える根拠や結論を導く論拠を批判的に検討し、文章や資料の妥当性や信頼性を吟味して内容を解釈すること。

　　「書くこと」ウ　立場の異なる読み手を説得するために、批判的に読まれることを想定して、効果的な文章の構成や論理の展開を工夫すること。

「論理国語」の内容は「書くこと」と「読むこと」で構成され、年間約140単位時間のうち、「書くこと」の指導に 50 〜 60 時間程度、「読むこと」の指導に 80 〜 90 時間程度を配当することとされている。「論理的、批判的に考える力」を確実に身に付けることを目的として、論理的な文章を「読むこと」のみならず「書くこと」にも重点を置いた時間配当である。その点で、「読むこと」を主とした従来の科目「現代文 A ／ B」とは性格を異にしている。「論理国語」は評論文の読解を中心とする科目ではない。

　論理的な文章を書くことの指導に関しては、「知識及び技能」の「文と文章」に関する次の項目にも注目したい。

　　エ　文章の種類に基づく効果的な段落の構造や論の形式など、文章の構成や展開の仕方について理解を深めること。

「高等学校学習指導要領（平成 30 年告示）解説 国語編」（以下「解説」と略称）によれば、「段落の構造」には、段落相互の関係に加え「段落内部におけ

る文の組立て」が含まれる。論証を目的とする文章において、1つの段落が
どのような種類や性質の文によって構成されるのか、それらの文がどのよう
に関連しあって1つの段落を作り上げるのか、などについて、個々の文の
内容や抽象度に着目して学ぶことが求められる。いわゆるパラグラフ・ライ
ティングの手法である。このような「段落の構造」について「理解を深める
こと」が指導事項に明示されたことは注目に値する。この科目を履修して大
学に進学する者は、パラグラフ・ライティングの基礎を理解していると期待
してよさそうだ。

　この科目の指導事項にしばしば現れる「学術的な学習の基礎」とは「専門
的な学習を始めるために身に付けておくべき基礎的な内容である」とされて
おり、大学進学後の学習を明確に視野に入れている。そのこと自体もこの科
目の大きな特徴と言える。

　なお、学習指導要領が告示された当初は、「論理国語」が履修されること
で「文学国語」を履修する余地がなくなるのではないかという危惧の声も聞
かれたが、これまでどおり「減単」(各学校・学科の特性等に応じて、標準
単位数を減じて配当すること)が認められることで、「文学国語」をも含めた
さまざまな科目選択が可能になる見込みだ。

7.4　大学教育の視点から

　必履修科目「現代の国語」と選択科目「論理国語」がうまく機能すれば、
ライティングの高大接続も円滑になることが期待できる。なによりも領域と
しての「書くこと」に、「現代の国語」で年間 30 〜 40 単位時間、「論理国語」
で 50 〜 60 単位時間が確保されたことは大きい。これまで、必履修科目「国
語総合」の指導においては、「読むこと」の指導に費やされる時間が「書く
こと」「話すこと・聞くこと」の本来の配当時間を圧迫しがちだった。この
たびの「現代の国語」と「言語文化」の新設は、必履修科目を「書くこと」
(と「話すこと・聞くこと」)を中心とする「現代の国語」と、「読むこと」を
中心とする「言語文化」とに分けることで、「読むこと」偏重の傾向を解消

しようとするものとも言える。

「現代の国語」と「論理国語」における「書くこと」の活動の例は次のように想定されている。こうした経験を確実に積んだ学生が入学してくることは、大学での指導の出発点を一歩前に出すことを可能にするだろう。

（現代の国語）

ア　論理的な文章や実用的な文章を読み、その内容や形式について、引用や要約などをしながら論述したり批評したりする活動。

イ　異なる形式で書かれた複数の文章や、図表等を伴う文章を読み、理解したことや解釈したことをまとめて発表したり、他の形式の文章に書き換えたりする活動。

（論理国語）

ア　論理的な文章や実用的な文章を読み、その内容や形式について、批評したり討論したりする活動。

オ　関心をもった事柄について様々な資料を調べ、その成果を発表したり報告書や短い論文などにまとめたりする活動。

また、選択科目「論理国語」は「学術的な学習の基礎」に関する事項の指導に力点を置いている点で注目される。7.3.2 に述べたパラグラフ・ライティングの指導事項のほかに、語彙についても「論証したり学術的な学習の基礎を学んだりするために必要な語句の量を」増すことが求められている。この語彙に関する事項について「解説」は次のように説明する。

　　論証に必要な語句とは、その過程を明確にしながら述べるために用いられる語句である。例えば、「ゆえに」、「すなわち」、「ただし」、「および」、「かつ」のような接続語句、また「妥当」、「示唆（される）」、「矛盾（しない）」など、思考の過程や判断を表す語句、また、「仮説」、「検証」、「定義」、「根拠」、「論拠」、「参照」など論証の形式や方法に関する語句などである。（中略）

　　また、学術的な学習の基礎を学ぶために必要な語句とは、専門的な学習を始めるために身に付けておくべき語句であり、例えば、「定量・定性的」、「蓋然性」、「変数」、「パラダイム」など、様々な分野で広く用いられる学術的な見方・考え方に関わる語句や、それらを学ぶ場で接する「概説」、「方法論」などである。

　これまで語句・語彙の学習は、評論教材などの中にたまたま出現した語句について意味を学んだり例文を作ったりするにとどまっていたが、ここでは論証のあり方とともに、その過程で必要となる語彙をある程度体系的に学ぶことが想定されている。この段階で「語彙」という概念が確実に身に付いていれば、入学後の専門領域の特性に応じた用語の習得も効果的に進められるはずだ。

　このほかにも、2018（平成30）年に告示されたこの学習指導要領は、大学のライティング教育にとって期待のできる内容を多く含んでいる。高校においてこれに基づく教育が始まるのは2022（令和4）年、その年の新入生が大学に進学するのは早くて2025（令和7）年になる。その間、高校における「書くこと」の指導を実のあるものにするために、また、ライティングに苦労する大学生を一人でも減らすために、大学入学後に求められる「書く力」の内容を高校に向けて発信し続けることは、大学教員としてできる支援の一つとなるだろう。

注

1　「高等学校学習指導要領（平成30年告示）解説 国語編」によれば、「言葉による見方・考え方を働かせるとは、生徒が学習の中で、対象と言葉、言葉と言葉との関係を、言葉の意味、働き、使い方等に着目して捉えたり問い直したりして、言葉への自覚を高めることであると考えられる」。

引用・参考文献

大滝一登（2018）「新学習指導要領が目指す高校国語科像」日本国語教育学会監修
　　町田守弘・幸田国広他編著『シリーズ国語授業づくり―高等学校国語科―
　　新科目編成とこれからの授業づくり』pp.6–27.東洋館出版社

第8章　いまさら聞けない大学入試改革 —「国語」記述式問題のゆくえ

島田康行

　2021（令和3）年に実施される大学入学共通テストへの記述式問題の導入は見送られた。「新しい時代にふさわしい高大接続の実現に向けた高等学校教育、大学教育、大学入学者選抜の一体的改革」を目指して進められてきた大学入試改革は、前途多難の様相を呈している。ここでは、そもそも記述式問題に関してどのような改革が構想されたのかを振り返るとともに、共通テスト「国語」はどのような学力の評価を目指しているのかについて、高校「国語」のカリキュラムとの関連から述べる。

8.1　記述式問題導入の構想

　2019（令和元）年12月、大学入学共通テストへの記述式問題の導入が見送られることが発表された。2014（平成26）年12月の中央教育審議会（以下「中教審」と略称）答申において提言されて以来、導入に向けたさまざまな準備が進められたが、実施までほぼ一年となったところでの決定である。

　この中教審答申は、「大学入学希望者学力評価テスト（仮称）」のあり方について、「知識・技能を活用して、自ら課題を発見し、その解決に向けて探究し、成果等を表現するために必要な思考力・判断力・表現力等の能力」（「思考力・判断力・表現力」）を中心に評価するとして、その具体的な方策を次のように述べていた。

◆「教科型」に加えて、現行の教科・科目の枠を越えた「思考力・判断力・表現力」を評価するため、「合教科・科目型」「総合型」の問題を組み合わせて出題する。（後略）

◆解答方式については、多肢選択方式だけではなく、記述式を導入す

る。

◆ 大学入学希望者に挑戦の機会を与えるとともに、資格試験的利用を促進する観点から、年複数回実施する。（後略）

◆「1点刻み」の客観性にとらわれた評価から脱し、各大学の個別選抜における多様な評価方法の導入を促進する観点から、大学及び大学入学希望者に対して、段階別表示による成績提供を行う

◆ CBT方式での実施を前提に、出題・解答方式の開発や、実施回数の検討等を行う。

◆ 特に英語については、四技能を総合的に評価できる問題の出題（例えば記述式問題など）や民間の資格・検定試験の活用により、「読む」「聞く」だけではなく「書く」「話す」も含めた英語の能力をバランスよく評価する。（後略）

　記述式問題の導入が見送られたことにより、2021（令和3）年1月の大学入学共通テストで実現される方策がまた1つ減った。唯一、段階別表示による成績提供は実施される予定だが、初年度はこれを選抜において積極的に活用しようという大学は現れていない。

　ここでは、記述式問題導入の準備がどのように進められてきたのか、種々の発表や公表資料類から振り返ってみる。

　中教審答申を踏まえて構想された記述式問題のイメージは、早くは2015（平成27）年12月の高大接続システム改革会議（第9回）の配付資料として公表された「『大学入学希望者学力評価テスト（仮称）』で評価すべき能力と記述式問題イメージ例【たたき台】」に窺うことができる。この問題イメージ例では、資料をもとに高校生が議論をするという言語活動の場面が設定され、「多様な見方や考え方が可能な題材に関する複数の図表や文章を読み、情報を統合しながら、考えを構成し表現する」力を測ろうとするものとされた。これ以後、公表されるモデル問題例や試行調査問題の原型をここに見ることができる。

　高大接続システム改革会議は2016（平成28）年3月の「最終報告」におい

て、記述式問題の導入について次のように述べた。

> ○（前略）特に今後重要となる複数の情報を統合し構造化して新しい考
> えをまとめる思考・判断の能力や、その過程を表現する能力をより
> よく評価するために、記述式問題を導入することが有効である。
> ○「大学入学希望者学力評価テスト（仮称）」に記述式を導入すること
> により、高等学校教育においても、習得・活用・探究の学習過程にお
> ける言語活動等の充実が促され、生徒の能動的な学習をより重視し
> た授業への改善が進むことが期待できる。（後略）
> ○記述式問題の導入に当たっては、作問・採点・実施方法等について
> 乗り越えるべき課題も存在していることから、今後、記述式導入の
> 具体化に向けて、以下のような論点ごとに実証的・専門的な検討を
> 丁寧に進める。

　この時すでに、記述式問題の導入に当たっては「乗り越えるべき課題」も
存在することが認識されている。
　具体的な検討事項として、各教科のうち「国語」に優先して導入するこ
と、「条件付記述式」を中心に作問を行うこと、「採点基準に基づく個々の条
件への適合性の判定業務については、例えば、民間事業者等を活用して実施
することも考えられる」こと、結果は段階別表示とすること、などの主だっ
た論点がすでに見えている。また、「複数の情報を統合し構造化して新しい
考えをまとめる思考・判断の能力や、その過程を表現する能力」の評価のた
めに、記述式問題が有効であるという見解が示されている。

8.2　素材としての「実用的な文章」

　翌 2017（平成 29）年 5 月、大学入試センターが公表した「大学入学共通テ
スト（仮称）記述式問題モデル問題例」の 2 つの大問では、先の問題イメージ
例同様、設問の中に言語活動の場面が設定されていた。1 つは「行政機関が

広報を目的として作成した資料等を題材として用い、題材について話し合う場面や異なる立場からの提案書などを検討する」場面、もう１つは「論理が明確な「契約書」という実社会とのかかわりが深い文章を題材と」して、その内容を検討、吟味する場面などだった。

　このモデル問題例については、行政の文書や「契約書」などを設問の素材として用いたことが一般の関心を惹いたようだ。これを実用重視・文学軽視の現れと捉える向きもあったが、記録、要約、説明、論述、討論などの言語活動の充実を目指す学習指導要領の趣旨に鑑みて、また、複数の資料をもとに考えを形成する能力を評価するという設問の目的に照らして、いわゆる「実用的な文章」をもとに登場人物が「考えを形成する」言語活動の場面が設定されたことは一つの工夫として理解できる。学習指導要領「国語総合」の「読むこと」の言語活動例に「現代の社会生活で必要とされている実用的な文章を読んで内容を理解」する活動が挙げられており、まさにそうした活動の場面を問題の設定に使用したものと言える。

　過去の学習指導要領が、教材としての「実用的な文章」に（この語句を使って）初めて言及したのは平成11年版においてである。選択科目「現代文」の教材について「近代以降の様々な種類の文章」の中で「現代の社会生活で必要となる実用的な文章も取り上げるようにする」との記述があった[1]。

　「実用的な文章」という語句の説明は、当時も今もほとんど変わりがない。最新版の「高等学校学習指導要領（平成30年告示）解説 国語編」（以下「解説」と略称）はこの語句の内容を次のように説明する。

　　　実用的な文章とは、一般的には、実社会において、具体的な何かの目的やねらいを達するために書かれた文章のことであり、新聞や広報誌など報道や広報の文章、案内、紹介、連絡、依頼などの文章や手紙のほか、会議や裁判などの記録、報告書、説明書、企画書、提案書などの実務的な文章、法令文、キャッチフレーズ、宣伝の文章などがある。また、インターネット上の様々な文章や電子メールの多くも、実務的な文章の一種と考えることができる。

　旧来の「解説」に見える説明もほぼ同じ内容であり、細かな文言の修正を
加えつつ、継承されてきている。平成 11 年版の学習指導要領に見える「実
用的な文章も取り上げるようにする」という記述は、必ず取り上げることを
求めたものである。結果、この平成 11 年版に基づく「現代文」の教科書で
は、さまざまな素材の活用が試みられた。たとえば、

　　報道（新聞記事と関連写真など）
　　広報（新聞広告、地下鉄の車内広告など）
　　案内、紹介（観光案内、紀行文など）
　　手紙（作家の手紙など）
　　説明（料理の手順、薬の使用上の注意など）
　　報告（文化庁「言葉に関する世論調査」など）
　　法令文（道路交通法、子どもの権利条約など）

などである。これらの文章を 1 つの単元にまとめた教科書も散見され
た。もとより手紙文の書き方を学ぶ単元などは古くから「国語」教科書
に見られるものである。また「国語」には限らないが NIE（Newspaper in
Education）、すなわち新聞を教材として活用する教育も全国の小・中・高等
学校に普及、定着し、着実な成果を上げている。
　こうした種類の文章が教材となってすでに久しい。その設問で問いたい力
との関係が適切ならば、設問の素材として「実用的な文章」が使われること
に支障はないはずだ。個別選抜における小論文や総合問題などの素材として
使用される例はすでに枚挙に暇がない。
　2017（平成 29）年 7 月、文部科学省は「大学入学共通テスト実施方針（以下
「実施方針」と略称）」及び「大学入学共通テスト実施方針策定にあたっての
考え方（以下「考え方」と略称）」を公表した。その「考え方」の中でも、設
問における「素材選定の工夫の例」が次のように示された。

　・論理的な内容を題材にした説明、論説等

・新聞記事・社説、会議等の記録、実務的な文章(取扱説明書、報告書、提案等)、契約書や法令の条文、公文書等
・統計資料(図表・グラフ等)を用いた説明等

　その後、2019(令和元)年6月に公表された「令和3年度大学入学者選抜に係る大学入学共通テスト問題作成方針」の別添「出題教科・科目の問題作成の方針」において、題材とする「近代以降の文章」として「論理的な文章、文学的な文章」と並んで「実用的な文章」が掲げられた。この文書は2020(令和2)年1月に一部の内容が変更されたが、当該部分に変更はなく、令和3年度大学入学共通テスト「国語」では「実用的な文章」も設問の題材となり得ることが示されている。
　いずれにせよ、以上は「素材」の話である。従来の、素材の種類やジャンルごとに設問を用意する手法に加えて、将来的には、問いたい資質・能力に基づいて設問を設計し、それに合わせた素材を選定するなど、新しい手法を視野に入れた検討もなされてよいだろう。

8.3　「条件付記述式」

　「実施方針」は、「評価すべき能力・問題類型等」と「出題・採点方針」について、次のように述べた。

　②評価すべき能力・問題類型等
　　多様な文章や図表などをもとに、複数の情報を統合し構造化して考えをまとめたり、その過程や結果について、相手が正確に理解できるよう根拠に基づいて論述したりする思考力・判断力・表現力を評価する。
　　設問において一定の条件を設定し、それを踏まえ結論や結論に至るプロセス等を解答させる条件付記述式とし、特に「論理(情報と情報の関係性)の吟味・構築」や「情報を編集して文章にまとめること」に関わる能力の評価を重視する。

　③出題・採点方法

　　多数の受検者の答案を短期間で正確に採点するため、その能力を有する民間事業者を有効に活用する。

　「〜字以内で述べよ」「○○という語を用いて説明せよ」といった「条件付記述式」の問題は、各教科のさまざまな目的の試験で一般的であろう。全国学力・学習状況調査においても開始当初より導入されて、すでに 10 年以上の実績があった。しかし、ここで求められるような思考力・表現力の測定方法としての有効性には限界もある。問うことができる思考力・表現力の深さと採点のしやすさがトレードオフになるなど多くの制約の中で、質の高い作問を継続していくことには困難が予想される。挑戦的な試みだが、必ずしも明るい見通しばかりではなかったはずだ。

　また、「考え方」は、「評価すべき能力・問題類型等」に関して、過去の大学入試問題等の分析を基に、問題の形式を次の 4 つに分類して示した。

　(1)「テクストの部分の内容や解釈」(テクストの部分を把握、精査・解釈して解答する問題)

　(2)「テクストの全体の内容や解釈」(テクストの全体を把握、精査・解釈して解答する問題)

　(3)「テクストの精査・解釈に基づく考えの形成」(テクストを基に、考えを文章化する問題)

　(4)「テクストの精査・解釈を踏まえた自分の考えの形成」(テクストを踏まえて発展させた自分の考えを解答する問題(解答の自由度の高い記述式問題))

　この分析を踏まえ、「共通テストの記述式問題として、(1)(2)だけでなく、(3)について条件付記述式として出題することとした。なお、(4)については、解答の自由度が高いことから個別選抜になじみやすい問題であり、個別選抜において出題することが望ましい」との判断が示された。マークシー

ト式の大学入試センター試験は (1)(2) に相当する問いを出題しており、共通テスト記述式問題の特徴は、この (3) に相当する問いの出題を目指した点にあったと言える。実際に「試行調査」の設問はこの分類を踏まえて構想されていた[2]。

　出題の具体的な形式についても「例えば、文字数 80 〜 120 字程度の問題を含め 3 問程度とする、マークシート式問題と記述式問題の大問は分けて出題し、試験時間はマークシート式と合わせて 100 分程度とすることを想定している」とある。記述式問題の大枠はこのようにして定められた。あとは試行調査を重ねながら必要な調整を進めていく、という段取りが整えられたわけだ。

8.4　共通テスト試行調査

　2 度の共通テスト試行調査の設問は「実施方針」と「考え方」の記述を踏まえ、課題への対応を図りつつ作問されたはずだ。さらに 2018(平成 30)年の設問は、2017(平成 29)年の試行調査の結果を踏まえ、いくつかの点で「工夫・改善」を加えている。その「工夫・改善」を「平成 30 年度試行調査(プレテスト)の問題作成における主な工夫・改善等について」(大学入試センター)は次のように述べる。

　　国語については、記述式問題の出題範囲となる主たる題材が、論理的な文章、実用的な文章、又はそれらの組み合わせとなる予定であることを踏まえ、これまで出題イメージを提示していない論理的な文章から出題することとした。

　　特に、80 〜 120 字程度と最も多い文字数での解答となる問 3 については、解答として求める要素の整理など、言語活動の場面や正答の条件等に関する更なる精査を行った。あわせて、採点作業には多くの人数が関わることになることから、判断のブレが生じないような採点基準の工夫を更に行った。

　なお、国語の問題全体として、文学的な文章や古典を題材とした問題を引き続き重視し、主たる題材としてこれまで扱われにくかった詩からの出題など、マーク式問題についても新たな工夫を行った。

　そのほかにも、「実用的な文章」と論理的な文章を主な題材としたマーク式問題を出題したり、全体に文章量を減少させたりするなど、さまざまな可能性を示唆しつつ、より本番に近い全体像を示そうとしている。
　また 2 度の試行調査を通じて、いずれの大問にも、複数の資料を用いたり、言語活動の場面を設定したりする可能性があることが示唆された。

8.5　採点と自己採点

　「考え方」は、「民間事業者を有効に活用」した採点について、センターのモニター調査(フィージビリティ検証)を通した検証の結果として、次のような見通しを示した。

　　① 80 〜 120 字で表現することなど文字数も含め、受検者が思考・判断・表現を求められる具体的な場面を条件として適切に設定すること、②採点者が方針を共有しやすいよう採点基準を明確にすること、③採点者が上位判定者に協議し採点の信頼性を確保する多層的な採点体制をとることなどが、採点の精度を担保するための重要なポイントとなることが確認された。今後、モニター調査の更なる分析を進めるとともに、平成 29 年 11 月予定の大規模プレテスト(5 万人)を通じて、こうした条件設定や採点基準、採点体制に加えて、採点の検収や自己採点の在り方等についても更に検証していく。

　大学入試センター (2018) が公表した資料に拠れば、2017 (平成 29) 年度調査では、6.5 万人の受検者の答案について「15 日以内での採点を依頼し、スケジュール内 (10 日) で採点終了」、さらに 4 日をかけて採点結果を検収、約

30件の「補正」が行われた。この結果を踏まえ、翌年の試行調査に向けて「多数の採点者が同じ基準で正確に採点することが可能な問題と正答の条件についてさらに工夫すること」「採点基準の検討と明確化をより早期から行うことにより、採点のブレを防ぐこと」などが改善点として指摘された。

そして2018（平成30）年度の第2回試行調査では、「共通テスト本番を想定し、共通テストにおける試験実施日から成績提供日までの日数と同じ期間で実施したところ、採点結果の納品日までに、センターにおける検収も含め、当初の計画通りに全ての行程を終了することができた（大学入試センター2019）」という。しかし、「採点作業には多くの人数が関わることになることから、判断のブレが生じないような採点基準の工夫を更に行った」結果は各問について20～30件の「補正」が必要になっており、採点の精度が大きく向上したとは言いがたい。

「条件付記述式」問題における採点は、各小問の答案を、複数の正答の条件との一致度によっていくつかの類型に分ける作業であり、一般的な国語の記述式問題の複雑な採点とはやや異なる。それでもなお、検収を経て「補正」を要した例が少なからずあり、試行調査の実施規模でさえ採点が困難であったことが窺える。

実施まで2年を切ってなお、より大きな規模で、より高い精度で、円滑に採点を実施することは大きな課題であり続けた。しかし結局、質の高い採点者集団の形成、採点体制の整備のほか、採点基準に関する出題者と採点者との意見調整の方法など、いずれの課題についても誰もが納得できる解決には至らず、導入見送りの要因の一つとなった。

また、これも大学入試センターの公表に拠れば、記述式問題3問の自己採点一致率は、平成29年度調査では問1：71.6%、問2：77.4%、問3：67.0%、平成30年度調査では問1：69.4%、問2：66.0%、問3：70.0%と、70%前後に留まっている。

高校生は正答の条件を読み取って解答類型に当てはめていく作業自体に慣れていなかったはずだ。また、平成29年度調査の設問は「解答に必要な場面や条件の設定としてどの程度までの複雑さが可能かを検証できるように作

問した」ということもあって、自己採点はますます困難であったと推測される。ただ、これらの事情を差し引いてもやはり一致率は高くない。大学入試センターも「記述式問題における解答結果の確認手順の説明動画」を作成するなど手順の周知に努めたが、一致率がマークシート式ほどに高まることはそもそもあり得ない。

　自己採点の一致率が高まらないことが課題視されるのは、言うまでもなく受験生の出願校決定に支障をきたすからだ。自己採点の結果を、受験生が（あるいは高校教員が取りまとめて）大手予備校等の民間事業者が運営する「合否判定システム」に投じることで出願校決定の根拠を得る、という現在の仕組みは、受験生の正確な自己採点と、受験生が自ら提供する大量のデータによって支えられている。高校の進路指導もここで得られる「判定」に基づいて行われることが多い。このシステムの運用が前提とされる限り、自己採点の一致率が低いことは大きな課題ということになる。

　この課題も解決困難とされたわけだが、現状の出願校決定のプロセスが大手予備校等の民間事業者が運営するシステムに大きく依存しているという事実は、それとして指摘しておきたい。

8.6　大学入試における記述式問題

　2019（令和元）年 12 月 17 日、文部科学大臣は閣議後の記者会見において、2021（令和 3）年 1 月実施の大学入学共通テストにおける記述式問題の導入について「受験生の不安を払拭し、安心して受験できる体制を早急に整えることは現時点において困難」であるとして、記述式問題の導入を見送る判断を示した。

　導入が提言された直後から懸念が表明され、いくつかの課題が具体的に指摘される中で、その解決に向けた取組みもさまざまに進められてきたが、最終的に解決に至らず、導入が見送りになったという事実は重く受け止めるべきである。今後、大学の入学者選抜のプロセス全体の中で、記述式問題をどのように課していくかを検討するうえで、重要な意味をもつ事実である。

　2016（平成28）年12月、国立大学協会が示した「大学入学者選抜試験における記述式問題出題に関する国立大学協会としての考え方」に次のような記述がある。

　　(1)国立大学は、大学入学者選抜全体（共通試験・個別試験）を通して、論理的思考力・判断力・表現力を評価する記述式試験を実施し、高等学校教育と大学教育双方の改革の推進に資する。
　　(2)すべての国立大学受験生に、個別試験で論理的思考力・判断力・表現力等を評価する高度な記述式試験を課すことを目指す。

　「すべての国立大学受験生に」「高度な記述式試験を課すことを目指す」という方針の表明を受けて、すでに検討を始めた大学もあるようだ。実はすでにほとんどの国立大学の個別学力検査では、いずれかの教科で「80字以上の記述式問題」の出題があるという指摘もある（宮本・倉元 2018）。これまでの記述式問題の中でどの程度「高度な」出題が実現されていたのか、あらためて見直すことも検討の第一歩となり得るだろう。

　そもそも、今回の大学入試改革は、高等学校教育、大学教育との一体的改革を目指すものだった。共通テストの準備と時期を同じくして教育課程の改訂も進められ、論理的な思考力や表現力の育成を重視する新しい学習指導要領ができあがった。これを踏まえて育成される力のうち、大学で学ぶために必要であると認められるものについては入口の段階でそれらを評価することが合理的である。その意味で大学入試において記述式問題が果たす役割はますます重要度を増すことになる。

　新しい学習指導要領のもと、高校の国語教育は「教材の読み取りが指導の中心になることが多く、国語による主体的な表現等が重視された授業が十分行われていないこと、話合いや論述などの『話すこと・聞くこと』、『書くこと』の領域の学習が十分に行われていないこと」（中央教育審議会 2014）などの課題の解決に向けて、本格的に動き出す。大学入試によって高校教育を変えようとすることは本末転倒であるが、大学で学ぶために必要な力とはどの

ような力か、それが高校教育のカリキュラムの中にどのように位置づけられているか、それを反映した入試問題になっているか、恒常的な検証と改善が必要なこともまた言うまでもない。

注

1　それ以前の平成元年版、昭和 53 年版の学習指導要領では「実用的な文章」という語句は用いられていない。昭和 45 年版には使用された例がある。
2　大学入試センター公表の「【国語】作問のねらいとする主な「思考力・判断力・表現力」、及びそれらと出題形式との関係についてのイメージ（素案）」参照。

引用・参考文献

宮本友弘・倉元直樹 (2018)「国立大学の個別学力検査における記述式問題の出題状況の分析―80 字以上の記述式問題に焦点を当てて―」『大学入試研究ジャーナル』28: pp. 113–118. 全国大学入学者選抜研究連絡協議会

中央教育審議会 (2014)「新しい時代にふさわしい高大接続の実現に向けた高等学校教育、大学教育、大学入学者選抜の一体的改革について～すべての若者が夢や目標を芽吹かせ、未来に花開かせるために～(答申)」
　　<https://www.mext.go.jp/b_menu/shingi/chukyo/chukyo0/toushin/__icsFiles/afieldfile/2015/01/14/1354191.pdf> 2020.1.22

大学入試センター (2018)『大学入学共通テストの導入に向けた試行調査（プレテスト）(平成 29 年 11 月実施分)の結果報告』
　　<https://www.dnc.ac.jp/news/20180326-01.html> 2020.1.22

大学入試センター (2019)『大学入学共通テストの導入に向けた試行調査（プレテスト）(平成 30 年度(2018 年度)実施)の結果報告』
　　<https://www.dnc.ac.jp/news/20190404-03.html> 2020.1.22

終章　各章から読み取ってほしいこと

　第1から第8までの各章から読者に読み取ってほしいことを、書き手の視点からまとめてみた。序章6で述べたように、他に読み手の視点から読み取ることがあっても構わないのだが、とにかく、それら（読み取ったこと）が高大接続の一方の主役である大学教師たちにとって有益であること——何らかのインスピレーションやヒントが得られ、有意義な行動につながること——をわれわれ（書き手一同）は願っている。

　［第1章－1.1］この節で読者に共有してほしいのは、「学生は書けない」とよく言われることへの疑問あるいは違和感である。「書けない」という語は、学生の能力不足や経験不足を問題視するようなニュアンスを強く帯びている。しかし、学習履歴の調査で明らかになったのは、むしろ「大学入学以前にまったく経験していないことを学生に求めているのは大学である」ということのようである。このような調査結果をきっかけとして、かつそれをいかす形で、今後の指導やカリキュラム策定は進められるべきであろう。

　また、重要なのは、専門的な内容を学ぶわけではない初年次教育においても学生の自信やビジョンを育める可能性が見えたことである。学生にとっても教員にとっても「義務的な作業」のような位置づけになりやすい初年次文章表現教育であるが、内容によっては、それを超えたものとなる可能性を秘めている。そこには希望がある。そうした（希望のもてる）初年次文章教育科目が、既存のものを含めてあちこちの大学に誕生し、その内容が共有され、担当教員たちが自信をもって指導に邁進する——という将来像の実現に、筆者（春日）らの調査が寄与することを願っている。

　［第1章－1.2］文章表現の授業を構築する際に、学生たちに何を（どのようなテーマでレポートを）書かせるのかは、重要な検討事項である。現在多くの大学が導入している初年次教育のカリキュラムには、ほぼ例外なく文章表現を教える科目が含まれている。学生たちに実際レポートを書かせる形で

行う指導は、テーマの設定が適切になされていなければ一般にうまくいかない。

　本節では、初年次文章表現科目において「学生たちに何を書かせるのか」という問題に対し、SDGs（持続可能な開発目標）を共通のテーマとする実践を、一つの答えとして例示した。大正大学では、2018 年度秋学期から、SDGs を初年次文章表現教育科目の共通レポートテーマに設定している。そこで学生たちは、今まさに世界で起きているさまざまな問題について調査し、考えたことをグループ内で述べ、問題解決の方法などをレポートにまとめる。そうした過程を通じて、社会に現にある問題を意識し、社会の構造への理解を深めていく様子が見て取れる。一方、共通テーマを設定することによって教員間で指導内容の統一をはかれるなど、教える側にとっても利点は大きい。筆者（由井）らの試みが読者の参考になれば幸いである。

　［第 2 章］この章では、学生が容易にもってしまう「苦手意識」と「本当に苦手であること」とは必ずしもイコールではない、ということを感じ取ってほしい。高校時代、特に「理系」として学んできた学生は総じて「国語が苦手」と言う。試験としての現代文・古文・小論文で点数が伸びなかったことが、彼／彼女らの苦手意識を増幅させているようだ。その意識のままに大学でのライティングに取り組むと、実際に書く以前からすでに「苦手」「嫌い」「できればやりたくない」という消極的な意識・態度が現出してしまうのだろう。

　むろん、レポートならレポートの「作法」や「体裁」がわからなければ書けないし、書きようがないのも事実であるが、それは「ポイントさえ押さえれば、ある程度書ける」ことの裏返しでもある。実際、この章で検討したように、教える側がほんの少し誘導するだけで「書ける」という意識を芽生えさせることは可能かもしれない。そうした希望を得られたことこそが、収穫である。なにしろ「誘導」といっても、「ある程度のフォーマットに則ったうえで、全体像を意識しつつ、パーツごとに書く」という、ごく基本的なことを教えただけなのだから。

　実際の「書く力」は決して嘆かわしいものではないにもかかわらず、苦手意識にがんじがらめになっている学生たちがいる。そんな彼／彼女らに対しては、教員側が最低限の設え（しつらえ）を提供することによって、まずは「苦手」から「意外と書けるかも？」へと意識のシフトチェンジをはかることが肝要なのでは——と筆者（根来）は考えている。

　［第3章−3.1］本節の読者にあらためて注意を喚起したいのは、ここで紹介した調査（学生を対象とするアンケート）の結果があくまで学生の自己申告に基づくものであって、本来測定すべきライティング能力を直接、客観的に測定したものではないことである。その点では、かなり妥協した調査なのである。

　しかし、それでは各大学の学部初年次生の、あるいは高校生の本当のライティング能力はどのように測定すればよいのであろうか。また、その測定を全学規模・日本全国規模で実施するにはどうすればよいのであろうか。本書の執筆時点で、筆者ら（堀と坂尻）はアンケートに代わる有効な案をもっていないが、他に客観的かつ網羅的な測定が行なわれている事例も仄聞すらしてはいない。

　そこで、筆者らは、高大接続期のライティング能力の測定を、今後の重要課題の一つとして挙げたい。それを大学教員も高校教員も周辺関係者も一緒になって模索していくよう提案する。

　［第3章−3.2］この節では、大学と高校の協働関係の一例を紹介した。筆者ら（堀と坂尻）は、自分たちの事例を他の大学や高校などに押し付ける意図を全くもっていない。その代わり、われわれの紹介事例が、個々の大学、高校、そして地域がそれぞれの実情に合ったライティング教育を計画・実行するうえで役立つよう願っている。

　そうしてライティング教育を計画・実行していく場合、大学側と高校側が一緒に指導プログラムや教材を作り、育てることが活動の成功にとって不可欠であると筆者らは信じている。なぜなら、大学側が一方的に大学水準のラ

イティングを高校側に押し付けたり、高校側が大学側に指導を丸投げにして依存したりすることは、生徒の状態やニーズに合わず、かえって生徒の学習を妨げる可能性があるからだ。大学と高校が協力できる範囲や互いのニーズをすり合わせて、よりよいライティング教育を作っていくことが必要だ。生徒のライティング能力向上こそが何より大切であり、高校側や大学側の事情が優先することがあってはならない。

　［第4章］この章で特に訴えたいのは、学生たちの「できること」にも注目しよう、ということである。「できないこと」に目をつぶろうとまでは言わないが、とかく「できないこと」にばかり向けがちな目を「できること」にも向けるべきではないかと。「できないこと」は学習・指導の重点の置き所を示してくれるが、必ずしも出発点を示してはくれない。出発点を示してくれるのは、むしろ「できること」の方である。

　ただし「できること」に注目する──それに基づいて大学初年次のライティング教育を考える──筆者（近藤）自身の取り組みも、まだ緒に就いたばかりである。この章で取り上げた「文章構成」「根拠提示」「外部資料の扱い」の3点も、たしかに大事ではあるが、ほんらい多岐にわたるアカデミック・ライティング技術の一端にすぎない。よって、それらをよく調べれば十分というわけではない。では、他に（アカデミック・ライティングの）どのような部分あるいは側面に注目し、それらをどのように捉え、よりよい学習・指導につなげていけばよいだろうか。それは筆者自身の問いであり、読者とともに追究してみたい問いでもある。

　［第5章］この章では、筆者（島田）が行った2つの調査の結果をもとに、高校「国語」における「書くこと」の授業内容に変化の兆しが見えることを述べた。これまで一般に、学習指導要領の改訂は高校の授業内容に大きな変化をもたらさないとされ、「指導要領"さざなみ"論」などと自虐的にあげつらわれることさえあった。筆者の調査の範囲は限られており、結果の解釈も限定的であるべきだが、1つの調査の結果からは、2015年以前とそれ以

降の大学新入生の記憶する高校「国語」の授業内容にはわずかながら差があることが窺える。もう1つの調査の結果も、ここ10年で「国語」における「書くこと」の指導に変化が起こったことを窺わせる。

　その変化をもたらした要因を直ちに特定することは難しいが、言語活動の充実を謳う学習指導要領の趣旨が浸透してきたことに加えて、記述力や論述力を重視するという大学入試改革の流れが、指導に当たる高校教員の意識に作用した可能性があると推測した。大学入学共通テストへの記述式問題導入の方針が、中央教育審議会答申「新しい時代にふさわしい高大接続の実現に向けた高等学校教育、大学教育、大学入学者選抜の一体的改革について」（2014年）によって明確にされると、以後、実施に向けた準備の進捗状況などの公表が相次いだ。こうした動きが高校教員の背中を押すことになったのではないか。結局、記述式問題の導入は見送られたが、この先、高校における「書くこと」の指導が改善に向かうかどうかは、高大接続改革の行方が大きなカギを握っているように思われる。

　［第6章］この章で読者に感じ取ってほしいのは、高校教育現場でいま起きているらしい、地味ながらも確かな変化である。義務教育である小・中学校に比べて高校は教育課程改革（学習指導要領改訂）の影響を受けにくい、と一般に言われる。新科目設置などにより外見・表層が大きく変わったとしても、内実・深層──教室における学び方・教え方といった一般的・共通的なところ──は容易に変わらぬらしい。しかしこの章では、教科の枠をも超えて進む「言語活動の充実」の一端が捉えられたようだ。高校卒業から間もない大学新入生たち（国、教育委員会、学校の意向などを忖度するとは思われぬ人々）の回答に依拠するところも、結果の力強さの"もと"であろう。

　なお、そのような変化に寄与したであろう教科が、ライティング教育の主役と目される国語の他に、複数あることにも注目してほしい。高校の英語と特別活動については本編の中（6.4.3等）で言及したが、実はそれ以外にも、選択肢として提示された24項目（教科）の全てが、得票数は少ないものの「印象に残っている教科」として挙げられた（0票の項目は1つもなかった）。そ

れはつまり、中・高のほぼ全教科で、どこかの教師が実際に「意見文や説明文を書く方法」を指導したことの証明であり、どの教科でも「やればできる」ことの暗示である。その点に注目すべきである理由は、そもそもライティング（ほか言語）技術の習熟度が"踏んだ場数"の関数である（場数を多く踏むほど習熟度は高まる、という関係がある）からだ。現下、学校内では他教科と横並びの一教科であるに過ぎない国語の授業だけで、十分なライティングの訓練を積むことは望めない。よって、他教科（および学校内の諸活動）との連携がライティング教育の成否のカギを握っている——と筆者（渡辺）は考える。

[第7章] 大学におけるライティング指導を構想するとき、高校で学習する教科「国語」の内容をある程度知っておくことは必須だろう。何が学ばれ、何が学ばれていないのかを知らなければ、出発点すら定めがたいはずだ。そこでこの章では、2018（平成30）年に告示されたばかりの新しい高等学校学習指導要領「国語」の内容を概観した。今次の改訂は、国語科始まって以来の大改革などと称され、大学への接続を強く意識した内容も少なからずある。そこでは何が目指されているのか、今までの「国語」とどう違うのか、「書くこと」の指導に焦点を当てながら確認を試みた。

必履修科目として新たに設定された「現代の国語」には年間約70単位時間が当てられるが、そのうち「書くこと」には30〜40単位時間程度が配当されている。これに対して「読むこと」に配当する時間は10〜20時間程度であり、この科目が「読むこと」よりも「書くこと」に重点を置いているのは明らかだ。また、選択科目「論理国語」では批判的に考える力の育成が具体的な指導目標の一つとなっており、パラグラフ・ライティングの形式を学んだり、論証のための語彙を重点的に学んだり、大学への接続を意識した科目になっている。ほかにもこの学習指導要領は、高校・大学におけるライティング教育の充実に資すると思しき内容を多く含んでいる。こうした科目を学んだ高校生が大学に進学するのはまだ少し先のことになるが、それまで高校における「書くこと」の学習がどのように実現されていくのか、期待

しつつ注視したい。

　［第8章］2021（令和3）年に実施される大学入学共通テストへの記述式問題の導入は見送られた。大学入試改革の目玉と評された施策が相次いで見直しを余儀なくされたことで、改革そのものの存立が揺らいでいる。今回の事態の経緯や背景についてはこの先も「検証」が続くことだろう。そうした「検証」は他所に譲ることとして、この章では、そもそも記述式問題に関してどのような改革が構想されたのか、共通テスト「国語」はどのような学力の評価を目指しているのかを、高校「国語」のカリキュラムとの関連から述べることに力点を置いた。

　大学で学ぶために必要であると認められる能力のうち、高校で育成が図られている能力については、入学者選抜の過程のどこかで評価しようと考えるのが普通だ。論証する力が欠かせないと認めるならば、それは入試のどこかで測るべきだろう。その際、それが高校教育のカリキュラムの中にどのように位置づけられているか、それを反映したテスト問題になっているか、設問に使用する素材を含めて検討することが、入試の見直しの第一歩になるだろう。大学入試によって高校教育を変えようとするのは本末転倒であるにしても、大学入試が高校教育に与える影響の大きさもまた、無視できないのだから。

初出一覧

第 1 章

1.1　近藤裕子・春日美穂・由井恭子 (2019)「初年次文章表現教育に向けての文章
　　作成経験を問う予備調査—高大接続の観点から」『大正大学教育開発推進セ
　　ンター年報』3: pp. 12–16．大正大学教育開発推進センター

　　春日美穂 (2019)「高校における文章表現教育はどのように行われているのか
　　—入学生の調査から見えてきたこと」大正大学第 3 回高大連携フォーラム
　　(2019.3.16)『高大接続の文章表現教育をどのようにつくるか』研究・実践
　　報告「高校から大学への文章表現教育」資料

1.2　由井恭子 (2019)「高校教育からの接続を大学はどのように受け止めるのか—
　　大学における文章表現教育の実践」大正大学第 3 回高大連携フォーラム
　　(2019.3.16)『高大接続の文章表現教育をどのようにつくるか』研究・実践
　　報告「高校から大学への文章表現教育」資料

第 2 章

　　根来麻子・宮川健 (2018)「医療福祉系学生の文章表現に関する意識調査」『川
　　崎医療福祉学会誌』27-2: pp. 563–573．川崎医療福祉学会

第 3 章

3.1　吉本真代・和嶋雄一郎・坂尻彰宏・堀一成 (2020)「大学入学者の高校での『書
　　く』経験は変化しているのか—大阪大学入学時アンケートより探究学習に
　　着目して」『大阪大学高等教育研究』8: pp. 13–19．大阪大学全学教育推進機
　　構

3.2　堀一成・坂尻彰宏・進藤修一・柿澤寿信・金泓槿・田中誠樹・竹林祥子・大
　　泉幸寛・宮﨑雄史郎 (2020)「高大連携により取り組む高校生に対するアカ
　　デミック・ライティング教育の実践」『大阪大学高等教育研究』8: pp. 51–
　　60．大阪大学全学教育推進機構

第 4 章

　　中村かおり・近藤裕子・向井留実子 (2017)「大学初年次のアカデミック・ラ
　　イティング指導に向けたレディネス調査」『日本語教育方法研究会会誌』
　　23-2: pp. 102–103．日本語教育方法研究会

170

第 5 章
5.1.1　島田康行 (2018)「新学習指導要領が求める授業—高校国語科授業の現在地と進むべき方向」『日本語学』37-3: pp. 52–61. 明治書院
第 6 章
　　　渡辺哲司・島田康行 (2019)「『言語活動の充実』によって高校までの『書く』学習の機会は増えたか—大学新入生を対象とする定点調査」『大学入試研究ジャーナル』29: pp. 55–60. 全国大学入学者選抜研究連絡協議会
第 7 章
7.1、7.2　島田康行 (2018)「新しい高等学校『国語』が目指すところ—『接続』を観点として」『日本語学』37-12, pp. 70–79. 明治書院
7.3　島田康行 (2019)「新しい科目で学ぶ『論理』」『国語教室』109: pp. 8–10. 大修館書店
第 8 章
8.2　島田康行 (2019)「高校国語における『実用的な文章』の教材化—試みられてきたこと」『月刊国語教育研究』562: pp. 28–31. 日本国語教育学会

あとがき

　「大学における教育内容等の改革状況について（平成 28 年度）」（文部科学省）によれば、全国の国公私立大学のうち初年次教育を実施する大学は 715 大学（97.1％）に及ぶ。その初年次教育の具体的内容として最も多く実施されているのは「レポート・論文の書き方などの文章作法を身に付けるためのプログラム」で、これに取り組む大学は 661 大学（89.8％）に上るという。

　全国のほとんどの大学で、新入生に対する文章作成の指導が必要と考えられているわけだ。

　どのような指導が必要かは、もちろん大学によって異なる。が、「レポート・論文の執筆作法」といったスキルの伝達で済むような大学は、実際にはあまりないはずだ。筆者らが勤務先で担当する授業も、もう少し基礎的な内容から始めることを余儀なくされている。

　では、どこから始めればよいのか。学生のレディネスを「知る」こと──本書が力点を置いたのはそこだ。「教師が知るべきことは、学生たちが何かをできる／できないといった技術的な事項はもちろん、彼／彼女らの心構えや考え方、過去の学習経験といった心理的・行動的な事項をも含んで、多岐にわたる。それらは総じて形の無い、捉えがたいものだが、それらを知ればこそ無理・無駄のない指導を行えるというものだ」（「まえがき」より）。本書に収められた各章の実践は、いずれも学生を「知る」ことに努め、そのうえで指導をデザインした取り組みである。

　ただ、どのような指導が必要かは、大学によって異なる。想定される本書の読者──大学で文章表現科目を担当する教員──の一人ひとりが直面する実態はさまざまだ。本書で実践を報告する大学が多様であることは、そうした読者の多様性をどうにかして受け止めようとした結果でもある。これは参考にできるとか、これでは参考にならないとか、ご実践に役立てていただけ

れば幸いである。願わくは、本書の趣旨に賛同し、直面する学生の実態を踏まえた独自の実践を公表、共有してくださる方が一人でも増えることを。

　本書の企画を吟味し、的確な助言をくださり、前作に続いて（おそらくは半信半疑で）出版を引き受けてくださったひつじ書房の松本功社長、ならびに編集の実務を取り仕切ってくださった長野幹さんには心より感謝申し上げる。

2020 年 春分　著者一同

執筆者紹介(執筆順)

渡辺　哲司(わたなべ　てつじ)

文部科学省初等中等教育局教科書調査官(体育)。専門は発育・発達学。主な著書は『「書くのが苦手」をみきわめる―大学新入生の文章表現力向上をめざして』(学術出版会、2010 年)、『大学への文章学―コミュニケーション手段としてのレポート・小論文』(同、2013 年)、『ライティングの高大接続―高校・大学で「書くこと」を教える人たちへ』(共著、ひつじ書房、2017 年)等。

春日　美穂(かすが　みほ)

大正大学総合学修支援機構 DAC 基礎学力研究室専任講師。専門は中古文学。主な著書は『失敗から学ぶ大学生のレポート作成法』(共著、ひつじ書房、2019 年)等。

由井　恭子(ゆい　きょうこ)

大正大学総合学修支援機構 DAC 基礎学力研究室専任講師。専門は中世文学。主な著書は『失敗から学ぶ大学生のレポート作成法』(共著、ひつじ書房、2019 年)等。

根来　麻子(ねごろ　あさこ)

甲南女子大学文学部専任講師。専門は上代語学・文学。主な著書・論文は「『続日本紀』宣命の語彙をめぐる諸問題」(『「上代のことばと文字」入門』、花鳥社、2020 年)、「(授業報告ノート)読書経験の共有と情報交換―ビブリオバトル・BOOK POP 製作の実践を通して」(『甲南国文』67 号、2020 年)等。

堀　一成(ほり　かずなり)

大阪大学全学教育推進機構准教授。専門は数理物理学、自然言語処理、科学ライティング教育。主な著書は『大学と社会をつなぐライティング教育』(共著、くろしお出版、2018 年)、『阪大生のためのアカデミック・ライティング入門』第四版(共著、大阪大学全学教育推進機構、2019 年)等。

坂尻　彰宏(さかじり　あきひろ)
大阪大学全学教育推進機構准教授。専門は東洋史。主な著書は『市民のための世界史』(共著、大阪大学出版会、2014 年)、『阪大生のためのアカデミック・ライティング入門』第四版(共著、大阪大学全学教育推進機構、2019 年)等。

近藤　裕子(こんどう　ひろこ)
山梨学院大学学習・教育開発センター特任准教授。専門は日本語教育・ライティング教育。主な著書は『失敗から学ぶ大学生のレポート作成法』(共著、ひつじ書房、2019 年)等。

島田　康行(しまだ　やすゆき)
筑波大学人文社会系教授。専門は国語教育学。主な著書は『「書ける」大学生に育てる―AO 入試現場からの提言』(大修館書店、2012 年)、『ライティングの高大接続―高校・大学で「書くこと」を教える人たちへ』(共著、ひつじ書房、2017 年)等。

あらためて、ライティングの高大接続

―多様化する新入生、応じる大学教師

Next Suggestion to High School-to-College Articulation in Writing:
College Teachers React to Diversifying Freshers
KASUGA Miho, KONDO Hiroko, SAKAJIRI Akihiro, SHIMADA Yasuyuki, NEGORO Asako,
HORI Kazunari, YUI Kyoko, WATANABE Tetsuji

発行	2021 年 1 月 14 日　初版 1 刷
定価	2200 円＋税
著者	© 春日美穂・近藤裕子・坂尻彰宏・島田康行・根来麻子・堀一成・由井恭子・渡辺哲司
発行者	松本功
カバーイラスト	飯山和哉
組版所	株式会社 ディ・トランスポート
印刷・製本所	株式会社 シナノ
発行所	株式会社 ひつじ書房
	〒 112-0011 東京都文京区千石 2-1-2　大和ビル 2 階
	Tel.03-5319-4916　Fax.03-5319-4917
	郵便振替 00120-8-142852
	toiawase@hituzi.co.jp　http://www.hituzi.co.jp/

ISBN978-4-8234-1082-6